CÓMO AFRONTAR UNA PÉRDIDA

FERNANDO RECONDO

www.afrontarunaperdida.guiaburros.es

EDITATUM

Si después de leer este libro, lo ha considerado como útil e interesante, le agradeceríamos que hiciera sobre él una **reseña honesta en Amazon** y nos enviara un e-mail a **opiniones@guia-burros.com** para poder, desde la editorial, enviarle **como regalo otro libro de nuestra colección.**

Agradecimientos

Siempre he sido muy fan de la vida. Repetiría sin duda las cosas tal como han sido y, aunque me ha llevado tiempo, acabé por comprender que, honestamente, lo hice lo mejor que supe. Solo con gratitud se puede avanzar. Estoy por ello muy agradecido a todas las personas y situaciones que me han ayudado y acompañado a llegar hasta aquí. Las que en su momento me han gustado y también aquellas de las que solo con la perspectiva del tiempo he podido entender lo que me trajeron. Para las que están, mi reconocimiento. Para las que ya partieron, mi gratitud.

Sobre el autor

Fernando Recondo nació en Vigo en 1966. Finalizados sus estudios, se incorporó a la empresa familiar. Desde el año 2000 realiza labores de gestión de equipos comerciales que, finalmente le llevan a interesarse por los procesos de facilitación de grupos, al *coaching* y a la terapia. Formado en Terapia Transpersonal en la Escuela de Desarrollo Transpersonal, en El Escorial, desde 2008 compagina su actividad como emprendedor con la terapia y los procesos de *coaching*, conferencias y formaciones. Inicia una nueva etapa con su traslado a Madrid, donde trabaja como consultor privado y en colaboración con diferentes colectivos y asociaciones.

Índice

Introducción

Cualquier pérdida es un proceso que de pronto nos coloca fuera de nuestra zona de confort. Esta es realmente la cuestión de fondo que sacude la realidad cotidiana. Representa un sentido de desestabilización que en un momento va a producir una percepción de que todo lo que es habitual está a punto de cambiar. Aun cuando se produce en un aspecto concreto de la realidad, lo cierto es que va a generar movimientos en todo nuestro mundo.

Puede ser forzado por las circunstancias o incluso algo elegido desde un proceso de definición personal, pero en cualquier caso nos va a mover hacia un punto que resulta desconocido de antemano.

Lo habitual es que para la mente acostumbrada a funcionar de manera autónoma, esto produzca una sensación nada agradable. Estamos tomando contacto con la incertidumbre.

La incertidumbre es la adquisición de la conciencia —a veces difícil de digerir— de que estamos en un nuevo campo en el que no sabemos manejarnos ni tampoco tenemos la certeza de que sabremos hacerlo. Las cosas pasan a un punto en el cual dejan de ser —o al menos de manifestarse— del modo en que habitualmente lo hacían.

A pesar de todo, este factor es inevitable en la vida. Por mucho que lo pretendamos no estamos en condiciones de controlar todo, de gestionar todo, de saber todo. Es por esto que vivir en la incertidumbre con un cierto grado de confort, con confianza, sin miedo o a pesar de él, es el gran aprendizaje de cualquier vida. Y también por todo ello cualquier intento de vivir de espaldas a la vida, de tratar de evitarla o incluso eliminarla de la existencia cotidiana es un esfuerzo que nos consume, y que además está abocado al fracaso.

Nos abruma la necesidad de entrar en lo nuevo y desconocido, impuesto o no, mientras tratamos de no soltar del todo lo que ya conocemos de antes. A no ser que en este movimiento nos sea arrebatado o no podamos sostenerlo. Es en este momento cuando se presentan las emociones asociadas a lo injusto de una situación en la que sentimos cómo algo que nos es propio, sale de la vida cotidiana. La ira, la pena, la injusticia y la frustración que procede de juzgarnos y de sentir que, de algún modo, no hemos sido capaces de sostener, mantener y conservar algo que por derecho es nuestro.

En la definición de la pérdida hemos visto cómo una de las causas del dolor de pérdida es la sensación de incapacidad para mantener lo que consideramos que es nuestro. Probablemente la principal lección que acompaña al hecho de perder algo es, precisamente, que nada lo es. Que todo lo estamos haciendo en el presente y que lo que va a ocurrir en el futuro más o menos próximo no es más que la consecuencia de nuestras decisiones.

En cualquier pérdida se atraviesa por un proceso de duelo. Por este medio, se produce una transición de lo que era a lo que será, siempre teniendo muy en cuenta lo que está pasando en el presente. Esta es la lección imprescindible. Cómo ser capaces de avanzar a pesar de ello. Porque la realidad es que solo se puede avanzar.

La vida siempre es un camino hacia adelante. Nunca retrocede; como mucho puede quedarse estancada, pero no se detiene. Veremos algunas de las acciones que nos llevan a estancarnos, los miedos que subyacen en ellas y algunas ideas sobre cómo continuar.

Pero en todos los casos con una premisa básica: la reconstrucción de la persona tras un proceso de pérdida no la va a colocar nunca en el mismo lugar en el que estaba. No es una restauración de las condiciones previas. Tampoco significa que haya que dejar de ser quien se era antes. No cambiamos eso nunca. Solo cambiamos lo que hemos estado siendo para expresarnos de nuevos modos, para adoptar nuevos valores y tomar una perspectiva diferente. Esto es lo que nos hace tomar distintos caminos y darle un nuevo significado a nuestras vidas.

Porque perder no significa estar perdidos. De hecho significa estar muy vivos.

El proceso de pérdida

La sociedad somos todos, la creamos entre todos y la construimos con cada uno de nuestros actos cotidianos. Desde este punto, pasa a tener menos sentido la justificación que constantemente hacemos de que las cosas son de determinada manera porque la realidad es la que es. En realidad, no deja de ser una situación en la que delegamos constantemente la responsabilidad sobre lo que somos, hacemos y sentimos, en un ente aparentemente externo, pero que realmente surge de la expresión de lo que cada uno somos.

En este entorno, que hemos basado en la sensación de seguridad, se nos presenta una realidad en la que damos constantemente la espalda a la frustración, como algo a evitar. Vamos a plantear a lo largo de este texto la posibilidad de aprender a convivir con ella, como un ingrediente más de lo cotidiano. Un elemento al que, lejos de temer, podemos aprender a tomar como maestro que nos abre puertas, siempre que estemos dispuestos a atravesarlas.

Vivimos la pérdida como un desastre, normalmente en un entorno que nos bombardea con un concepto básico en todas nuestras relaciones: la seguridad. Se trata de una manera de alimentar la concepción de nuestra mente de que podemos controlar todo, prever todo, manejar todo. Esto es básicamente falso.

Si hay algo de lo que podemos estar completamente seguros es de que, tarde o temprano, experimentaremos una pérdida. Especialmente si tenemos en cuenta que ciertos procesos, como ocurre con la vida misma, están destinados a tener un final. Un final que podemos dar por cierto, y que además, desde un punto de incoherencia, parece que nos esforzamos en ocultarnos a nosotros mismos. Como si no fuese a ocurrir. Como si el hecho de no llamar a la muerte fuese a despistarla o a llevarla a olvidarse de nosotros.

El caso es que grande o pequeña, más o menos significativa, todos experimentamos esa sensación de que algo se va de nuestro lado y nos es imposible de sostener, por mucho que nos empeñemos y por más energía que pongamos en resistirnos a ello.

Podemos entender mejor qué es un proceso de pérdida si nos acercamos a algunas de las definiciones que se le pueden dar. Veamos algunas de ellas.

Ser privado de algo que se ha tenido, y que por tanto consideramos nuestro por derecho. Como si la posesión por sí misma nos pudiese garantizar la permanencia de lo poseído.

Experimentar el fracaso en el sostenimiento de algo que para nosotros es valioso o significativo. Un empleo, una relación, un determinado nivel de status social.

Reducción o minoración de determinados procesos o facultades. A lo largo de la vida vamos a experimentar de qué modo ciertos aspectos físicos o biológicos entran en declive. Veremos en los próximos capítulos, al hablar de enfermedad o envejecimiento, la manera en que parece que estemos obligados a mantener siempre un aspecto juvenil y vigoroso que, con la edad, va siendo cada vez menor y, la verdad, menos significativo. Pero que sin embargo nos negamos a menudo a aceptar como una evolución.

Experiencias destructivas o de quiebra. Situaciones en las cuales nuestras vidas se sacuden por efecto de circunstancias que nos superan, que nos tocan en la parte de reconocer que no podemos manejarlas y nos arrastran, y que además nos enfrentan a la realidad de que nunca podemos controlar todo, que una gran parte de las cosas que damos por seguras dependen de factores en los que no podemos intervenir. Nuestra vida es nuestra responsabilidad, pero en ella intervienen cosas que no van a depender de nosotros. Esto puede convertirse en algo realmente difícil de aceptar.

Tipos de pérdidas

Veamos cómo podemos realizar una clasificación de las pérdidas en función de los aspectos a los que afectan.

Pérdidas relacionales

Relaciones. Todas aquellas que tienen que ver con seres cercanos, humanos o no. Momentos en los que alguien que es importante en nuestra realidad, toma un rumbo que lo aleja de nosotros. Este alejamiento puede ser obligado o voluntario, temporal o permanente.

— Fallecimiento.
— Finales de relaciones
— Abandono
— Negaciones afectivas

Perdidas intrapersonales

Nosotros mismos. Las que significan toma de conciencia y comprensión de cambios personales que afectan de manera directa a cómo nos relacionamos con nuestro entorno. Procesos que cambian, capacidades que se alteran, que se presentan de improviso y producen un gran cambio en la vida.

— Enfermedad
— Pérdida de capacidades físicas o intelectuales

Pérdidas materiales

Cambios que pueden ser incluso radicales en relación con nuestra realidad en el mundo. Variaciones en el modo en que entendemos quiénes somos, y que vienen de la estrecha relación que establecemos entre qué tenemos, qué hacemos y qué somos.

— Pérdida de objetos y posesiones
— Variación del nivel económico
— Desempleo o quiebra
— Pérdida de status social

Pérdidas evolutivas

Envejecimiento. Como ya hemos dicho, en un entorno que glorifica la juventud y penaliza la vejez, la toma de conciencia de que envejecemos es un motivo habitual de quebranto.

Las fases de la pérdida

Cuando podemos llegar a entender la pérdida como un proceso, no como una circunstancia, estaremos en condiciones de dar un primer paso que será fundamental en la recuperación. Una explicación gráfica y sencilla de este proceso es una puerta de entrada a un nivel de comprensión más amable de los movimientos personales que tienen lugar en un momento así, y de cómo lo podemos transitar.

Una vida normal

Vamos a partir de una vida normal. Como el concepto de normalidad es algo tan personal y relativo, dejemos que cada quien decida qué es para sí mismo una vida normal. Todo está transcurriendo dentro de circunstancias más o menos manejables, incluso previsibles, basadas en expectativas de cómo deben continuar, y con una agradable sensación de que todo está yendo del modo en que debe ir.

Se produce la pérdida

Algo imprevisto sacude los cimientos de nuestra normalidad. Un despido, un mal diagnóstico, una muerte imprevista, una situación de quiebra... En este momento hace su aparición el elemento que más presente va a estar a lo largo de todo este movimiento: el miedo.

Nos estamos precipitando a un lugar desconocido en el que experimentamos sensaciones de descontrol, de impotencia. Se desarrollan cambios en la personalidad, casi siempre debidos al afloramiento de aspectos de nosotros mismos que desconocíamos o manteníamos marginados y ocultos, y que ahora se muestran. Estamos en el comienzo de una fuerte transición para la que no estamos preparados.

Tomamos conciencia de la pérdida

Nos damos cuenta de que algo se ha quedado en el camino. Al margen de que lleguemos a habitar la necesidad de negar lo que, evidentemente, está ocurriendo, afrontamos un desbordamiento de sentimientos y emociones que no siempre sabremos manejar. Es posible que no haya nada que manejar. Solo comprender que no manejamos. La mente se pone de inmediato a trabajar con frenesí, tratando de racionalizar con dos objetivos primarios. El primero es entender lo que está pasando y encontrar excusas. Y culpables, claro. Empezando por nosotros mismos.

El segundo es un intento de manipular la realidad para evitar el cambio que se produce a cualquier coste. Distorsiona la realidad, se convence e incluso defiende lo indefendible. Hay que detener esto.

En el fondo

El fondo. El punto central del proceso es un lugar contradictorio. Es como un crisol en el que se van a forjar los resultados y las consecuencias de todo. Es un momento en el que podemos tomar dos caminos bien diferentes. Uno es el del *reconocimiento*. Aceptar lo que está pasando como primer paso para decidir qué vamos a hacer a continuación. Veremos que todo es un tema de decisiones más que cualquier otra cosa. Es un camino que lleva al aprendizaje y, por supuesto, a la ampliación de nuestra zona de confort.

El otro camino es el de la *negación y el rechazo*. La no aceptación a pesar de que las circunstancias nos muestran que el cambio ya ha tenido lugar, pero sin contar con nosotros. Es el camino que marca un ego estancado que trata de mantener la imagen que nos hemos creado de nosotros mismos, y que ya no existe. Al menos en este aspecto que nos oprime, se ha diluido. Es un estancamiento que puede llegar a niveles patológicos, manifestándose a nivel físico, psicológico o emocional. Lejos de abrir una nueva vida, nos puede sostener en la herida indefinidamente.

La transición

Saliendo de ese punto central, y tomando como apoyo básico un reconocimiento personal, vamos abriendo la posibilidad de que se generen cambios en nosotros mismos que tendrán efectos integrales y, por supuesto, integradores. Aceptamos cambios en nuestros sistemas de creencias, valores y conceptos. Surgen nuevas opiniones y varía la calidad de nuestros pensamientos. Se produce una reconciliación con el diálogo interior que sostenemos, y con ello la comprensión de la importancia de lo que nos decimos íntimamente. Todo está cambiando y podemos aceptar y sostener este cambio. Porque nos cambia.

Restauración

La restauración es un renacimiento. De la misma manera que toda pérdida representa una muerte, la transición a través de ella, sin evitarla, produce los efectos de nacer a una nueva vida. Porque tal vez la mayor lección detrás de todo el movimiento de pérdida es que sigue habiendo vida, aunque no será igual. Esto es toda la clave del tránsito. Todo el encasillamiento, la rigidez y la sensación de destrucción estancada en el fondo proceden de la resistencia a renacer. De la necesidad de que todo permanezca, cuando es evidente que ya no es así.

Tras la pérdida, la vida sigue restaurada, es muy posible que más intensa y significativa. Pero no igual. Porque una vez atravesada esta oscuridad, ya no seremos los mismos.

El duelo

El modo en que hacemos el trabajo de transición, el atravesar la pérdida, lo que al final son los aspectos prácticos del trabajo se traducen en un proceso de duelo. Aunque no es el objeto de este trabajo hacer un estudio específico del mismo, sí vamos a exponer una serie de características que le pertenecen y que son muy interesantes de tener en cuenta.

Un duelo es un viaje en sí mismo. No tiene una duración determinada, aunque el espacio de un año, en el cual volvemos a atravesar las cuatro estaciones, fechas significativas, momentos y lugares revividos etc., se puede plantear como un marco de referencia válido.

Esta consideración de proceso, que estamos aplicando a todos los aspectos que mencionamos, y no de estado en sí mismo en el que nos encontramos, se manifiesta en que está vivo. Evoluciona en el tiempo y se muestra en el espacio que ocupamos en cada momento.

Es normal. Todos, de la manera que sepamos o sintamos, vamos a reaccionar ante la pérdida. Va a surgir de maneras muy diferentes que estarán directamente relacionadas con quienes somos y el momento personal en que nos acontece a cada uno.

Es dinámico, y como tal en su transcurso vamos a experimentar fuertes variaciones y oscilaciones en todos los aspectos que nos componen como personas: físico, emocional, mental y espiritual.

Es social, en primer lugar porque va a ser una acción compartida por todo nuestro entorno. Amigos, familia, conocidos, compañeros, van a sentir de algún modo la conmoción de lo que nos está ocurriendo. Porque estamos concentrados en la energía que mueve ese campo. Porque a todos nos conmueve el dolor de nuestros allegados en la medida en que toca nuestros propios dolores. En el caso del entorno cercano, tendremos también que asumir sus reacciones, que dependerán de las capacidades de sus componentes. Podemos integrarlas como positivas o no, pero hay que recordar siempre que también ellos lo están haciendo lo mejor que saben, y siempre en función de quienes son.

Además, como seres sociales que somos, este duelo va a estar vinculado a rituales sociales, religiosos y culturales que están relacionados con las creencias y con la realidad social de cada persona. Estos rituales pueden ser una importante ayuda en el modo de sostener el quebranto.

Aunque lo podamos definir como social, es evidente que se trata de un momento extremadamente íntimo, de transición personal. No hay pérdidas iguales, no hay momentos iguales, no hay personas iguales. Siempre debemos tener muy presente que lo hacemos de la mejor manera que sabemos y podemos. Aun cuando pensemos que ni sabemos ni podemos, lo estamos haciendo.

Finalmente, es un proceso activo. Es un momento de tomar decisiones, de acometer acciones que implican una convicción personal y que serán la clave para la finalización de todo. La resignificación de nuestra vida.

Aceptación y desapego

La transición de la pérdida procede siempre de una decisión personal. Esta decisión solo se puede tomar desde la aceptación de lo que es, en lugar de colocarnos en la queja de lo que debió ser.

Soltar es dejar ir. Solo se puede hacer adoptando una posición de gratitud hacia lo que se va y lo que nos dejó en su paso por nuestra vida, como inicio a aceptar que se va.

Es importante para lo que se va pero sobre todo para el que deja ir. Hay que entender que se abre un nuevo campo de posibilidades en el que van a ocurrir cosas nuevas. Trae la posibilidad de apreciar la crisis como una oportunidad.

Nadie nos odia, tampoco el mundo, ni está confabulando contra nosotros.

La resistencia al cambio es el alimento fundamental del dolor en la pérdida. Es la lucha para que todo permanezca en un momento que nos quiebra por la sensación de descontrol.

La mente necesita controlar, etiquetar, clasificar y categorizar. Cuando se encuentra con que estas habilidades no son útiles, continúa dando vueltas sobre sí misma, buscando una solución. La única solución que existe en realidad es la adaptación al cambio y ser capaz de moverse con él.

Es una fatiga tratar de controlar lo que no es controlable. Y en ese momento a la mente organizadora le resulta muy duro digerir un futuro en que le han sido cambiadas las circunstancias sobre un patrón determinado previamente por expectativas.

El inicio de solución real pasa por la conciencia de presente. Por entender dónde nos encontramos para, desde ahí, tomar otras decisiones en función de las nuevas circunstancias. Pero a la mente organizadora esto le resulta muy incómodo. Como hemos dicho, lo suyo es controlar. Para ello debe tener la capacidad de prever acontecimientos, y para esto necesita un marco temporal.

Estando en el momento –ahora– no hay lugar para hacer resumen de un pasado que no está presente ni para hacer predicciones sobre un futuro que aún no es. Y precisamente el presente es lo único que tenemos ahora, ya que todos los futuros que habíamos organizado tan bien se acaban de diluir, al menos en los aspectos que vienen determinados por lo que acabamos de perder.

Aceptación

Los momentos dolorosos existen. Son una realidad cotidiana en la vida, que a veces no nos da lo que queremos y otras nos da lo que no queremos. Y no somos capaces de tomar eso que no queremos y entender-sentir para qué nos es dado. Si nuestra decisión pasa por quedarnos en ese dolor, enrabietados con el regalo no deseado y protestando por ello, estamos eligiendo sufrir. Y es innecesario. El dolor es algo que no podemos evitar, pero el sufrimiento es una elección. Consciente o no. Y por supuesto, podemos elegir no sufrir.

Este sufrimiento, fundamentado –como ya dijimos– en la resistencia al cambio y a vernos enfrentados a un camino que, al menos conscientemente, no hemos elegido, se basa en todo un sistema de creencias y valores.

Si acepto, me convierto en una persona conformista.

Si acepto, pierdo toda mi energía y mi capacidad para elegir lo que quiero y cuando.

Si acepto no voy a avanzar nunca más, ya que no es por ahí por donde deseo hacerlo.

Todas estas creencias son:

- **Engañosas**. Solo las estamos utilizando para sostener nuestra posición y justificar nuestro rencor.
- **Dañinas**. No ser capaz de jugar con las cartas que nos trae la vida porque no nos gustan, nos lleva al lugar contrario al que debemos. Un buen jugador sabe hacerlo, sobre todo con malas cartas.
- **Limitadoras**. Solo sirven para afianzar la idea de quiénes somos y cómo somos que nos hemos construido para transitar el mundo. No permitirnos entrar ahí, en esa sombra, nos impide descubrir nuevas facetas de nosotros que serán muy útiles en las nuevas decisiones que habremos de tomar con el fin de sanar y vivir plenamente nuestra realidad.

Aceptar no es abandonarse, no es dejar de luchar. Es elegir de un modo sano y consciente el objeto de nuestro esfuerzo. Porque en el fondo, la gran lección de aceptar es comprender honestamente quiénes somos y cuál es el punto en que nos encontramos. Solo sabiendo esto vamos a poder decidir hacia dónde dirigirnos.

Hemos de hacer de vez en cuando una revisión de las creencias que determinan la forma en que nuestro subconsciente nos lleva por la vida en modo automático, y tomar decisiones sobre cuáles siguen siendo útiles y nos impulsan y cuáles son una carga que ya no debe ser soportada más.

Desapego

Desapegarse es desprenderse del miedo a perder.

Siempre caemos en la trampa de pensar que no vamos a poder ser felices cuando algo o alguien que es significativo para nosotros nos falte. Esto es poner la felicidad fuera de nosotros. Esto es hacer a otros responsables de nuestra felicidad. Por tanto, estamos dejando en sus manos la decisión de que seamos o no felices.

Desapego no es indiferencia, no es desafecto.

Es poder prescindir de la necesidad de posesión.

Es no ser poseídos por aquello que pensamos que posemos.

Es liberar a los demás de lo que necesitamos y, especialmente, de la exigencia que les hacemos. Les estamos entregando una responsabilidad que solo nos corresponde a nosotros. No es transferible.

Es salir a explorar fuera de nuestra zona de confort con plena madurez, para expandirla y enriquecerla con nuevas experiencias y una sabiduría ampliada.

Es ser libres, actuar con plena libertad y permitir que los demás lo hagan también y de este modo expresar la suya.

El mundo no es responsable de nosotros. No tiene la obligación de darnos lo que pedimos, y aunque así fuese, tal vez no siempre somos conscientes de lo que estamos pidiendo, ni de las consecuencias que esto pueda tener para nosotros y para el desarrollo que llevamos a cabo como personas.

Hemos sido educados para adquirir, para tomar, para medirnos y compararnos con los demás en función de ello. De esta manera hemos ido construyendo un circulo vicioso hago-tengo-soy y en él afianzamos la creencia de que nos sostiene y habla de quienes somos. En comparación y competición permanente con los demás.

Pero lo cierto es que, a veces, algún elemento más o menos importante de esos que están sosteniendo la imagen propia que hemos fabricado se cae. Y todo el conjunto de lo que creemos ser se tambalea. Y en ocasiones, no solo se remueve, sino que se destruye por completo.

Estos son los momentos en que, con los fragmentos de nuestra vida en las manos, tomamos conciencia de lo que es importante y nos reconstruimos, tal vez con otros valores. O por el contrario, nos quedamos en el intento de sostenerlo todo a nuestra costa, lamentando lo perdido como si no fuésemos capaces de edificarnos otra vez. Pero lo cierto es que esta recuperación siempre es posible si así lo decidimos y tomamos la perspectiva para observarnos más allá de nuestras manifestaciones externas y habituales. También hay que tener en cuenta que cualquier tipo de reconstrucción a partir de los fragmentos de la misma realidad solo dará lugar a una nueva estructura frágil, que volverá a derrumbarse una y otra vez hasta que comprendamos.

Permanecer en un estado de queja nos mantiene en la necesidad de justificarnos, simplemente para permanecer en el punto en que nos encontramos. Lo que nos paraliza es la escasez. Pensar que si hacemos cambios no tendremos en el futuro lo que ahora tenemos. Pero si queremos que ocurran otras cosas, habremos de ser otros necesariamente.

La verdadera recuperación pasa por entender que las cosas han cambiado, que somos más que suficientemente resilientes como para volver a ser responsables de nuestras vidas. Y que esta nueva vida será tan plena como queramos, tan creativa como seamos y tan intensa como nos permitamos. Pero desde luego no va a ser igual que la que acaba de desaparecer. Ni falta que hace.

→ Trascender una pérdida parte de una decisión personal.

→ Permitir que algo se vaya siempre abre puertas a la llegada de algo nuevo.

→ Solo se puede decir adiós desde el agradecimiento sincero.

→ La mayor parte del dolor procede de la necesidad de controlar.

→ El dolor existe. Es muy real. Pero el sufrimiento es siempre una elección.

→ Nuestro sistema de creencias nos condiciona profundamente. Tenemos diversas formas de conectar con ellas y cambiarlas: *coaching*, terapia e instrumentos de desarrollo personal.

→ El miedo fundamental es el miedo a perder. La sensación o los pensamientos sobre lo que faltará en el futuro es nuestro anclaje con la escasez.

→ Somos responsables plenamente de nosotros mismos. Y por tanto, somos las elecciones que hacemos.

→ Toda recuperación va a pasar por comprender que las cosas cambian, y nosotros con ellas.

→ Nuestro ser esencial siempre permanece. Nuestros cambios están relacionados con el modo en que afrontamos el mundo.

→ No es lo que somos, es lo que estamos siendo en cada momento.

Muerte

La muerte es el gran tabú en gran parte de la civilización, especialmente en la occidental. No pensamos en ella y tratamos en lo posible de evitar hablar sobre el tema. Es curioso que la única certeza de la vida humana sea algo que no se expresa. Vivimos de espaldas a ella e intentamos evitar todo lo que sentimos que, de algún modo, la llama. Aunque nuestro anclaje hacia esa muerte que evitamos es tan intenso que proliferan las actividades que nos ponen en un riesgo más o menos controlado de morir. Como una manera de sentirnos vivos. Porque nada da más sentido a la vida que la muerte.

Ya en la Antigüedad hombres y mujeres se maquillaban con la intención de parecer jóvenes, siempre jóvenes, para engañar a la muerte y que pasara de largo.

La muerte nos da un sentido. Un sentido que tendemos a rechazar porque nos lleva a una parte de nuestra realidad que nos cuesta asumir. La verdad es que no somos tan importantes. No vamos a permanecer, y la idea de un legado a la posteridad solo va a permanecer algunas generaciones. En términos de tiempo tampoco va a ser tan notorio.

Pero sí que hay una realidad que es incuestionable. Dentro de esa idea de lo efímero inherente a la condición humana, dejamos una huella en el entorno cercano. Hay personas que, por lazos familiares, de pareja, amistad o cualquier otro lugar que ocupen en la vida, son tan significativas como para que su presencia importe, y en algún momento de la vida vamos a pasar por el trance de ver cómo alguna de ellas mueren.

Es en estos momentos de despedida, en los que la muerte se nos hace real, presente e innegable, cuando pasamos por situaciones en las que nos vemos enfrentados a un hecho que no por ser natural no deja de marcar un punto relevante en la historia de nuestras vidas.

Las sensaciones que acompañan a la partida de un ser querido, y aquí podemos pensar en seres humanos o no, vienen rodeadas siempre de un campo emocional removido.

De cómo gestionemos las emociones, de cómo demos expresión a todas las sensaciones y pensamientos asociados a la presencia de esta muerte que aparece, dependerá el modo en que la vida va a seguir adelante desde ahí.

Ser capaces de soltar, de dejar ir, de abrirle un espacio al dolor y a su manifestación y, además, de ser capaces de tomar partido por la vida en presencia de la muerte. Poder celebrar la vida que fue en medio del lamento por la muerte que llega.

Etapas del duelo

Aunque realmente se hace un proceso de duelo en cualquier tipo de pérdida, lo asociamos especialmente a la presencia de eventos de muerte. Ya en la introducción hemos hecho un repaso de sus características, y ahora vamos a entrar en el desarrollo de sus etapas.

Es muy importante entender que son muy personales, y que cada uno tenemos nuestros tiempos para todo y especialmente para procesos tan intensos, pero es muy importante ponerse en el estado que nos permita vivirlas y ser consciente de ellas, porque van a estar presentes con la conciencia puesta en ese duelo o sin ella.

El duelo se hace siempre, a veces mucho tiempo después de cuando le correspondió. Es el caso de un duelo enquistado. No podemos, aunque queramos, hacer un rodeo: el tema solo se puede resolver atravesándolo, como cualquier otro. Es posible que por circunstancias no nos sintamos preparados o nos cueste entrar. Normalmente por un sentimiento de que ese dolor no podrá ser sostenido. Pero la única manera real de trascender el dolor es empezar por aceptarlo.

Estas etapas no son necesariamente cronológicas. Pueden alternarse e incluso darse dos o más juntas al mismo tiempo.

Es un proceso que, aunque estemos acompañados, vamos a hacer por nosotros mismos. Es personal e individual y no está sujeto a patrones, sino que va a depender de cada persona.

Tampoco tiene una duración determinada, aunque se considera un año como un período de referencia, ya que durante el mismo se van a volver a revivir las cuatro estaciones, las fechas que fueron significativas y finalmente el aniversario de la partida. Es un período en el que nos hacemos conscientes de aquellos temas relativos a esa partida en los que nos quedamos enganchados.

En este sentido, la actitud de apremiar al otro en su duelo con los mejores deseos por delante, solo es la expresión de la necesidad de quienes no son capaces de sostener al que ha perdido, ni en su estado actual ni en su expresión emocional

El duelo, como se ha dicho, es íntimo e individual, pero no desde el aislamiento. Estas situaciones se producen por un sentimiento de no ser aceptado. Esto viene de lo descrito en el párrafo anterior.

Hay siempre una necesidad de expresión, y esta choca con la necesidad de sentirse aceptado en un entorno que no sabe cómo sostener. Si nos quejamos, si nos expresamos, tememos no ser aceptados.

Shock inicial

Este lleva a la negación de lo ocurrido. Por eso, en caso de largas enfermedades o de enfermos terminales, esta fase suele empezar en el momento del diagnóstico.

El sentimiento de que no tenemos el control, como ya se ha dicho, es el trabajo de la mente, que se pone a racionalizar algo a lo que no va a poder encontrar una solución.

La muerte nos enfrenta a la realidad socialmente ocultada de que no controlamos, que pueden pasar cosas que no podemos manejar ni, desde luego, solucionar.

Nos han educado para comprar seguridad y no para vivir acompañados de una incertidumbre que por mucho que neguemos siempre estará presente. En la muerte nos encontramos con la fantasía que hay detrás de esto.

Ocuparse, mantenerse ocupado, es un modo de no entrar en el proceso que se está abriendo. No ayuda porque también tendremos problemas para concentrarnos.

Rabia

A veces incluso ira. Suele seguir inmediatamente al *shock* inicial y comparte tiempo y expresión con él.

Aumenta la necesidad de racionalizar y entender, para encontrar una explicación aceptable a lo que está ocurriendo. Solo es una esperanza. La muerte no es algo que haya que entender, sino algo que hay que permitirse sentir.

Es un momento en el que se pueden presentar importantes contradicciones, que pensamos que no son naturales o aceptables, como sentir al mismo tiempo el dolor y el alivio. No es nada raro ni extraño. En un entorno de emociones desbordadas, podemos pasar por varios estados en un corto plazo de tiempo.

La entrada en el sufrimiento, que es una elección de permanecer en el dolor, viene de pensamientos acerca de que si dejo de sufrir, será una señal de que no me importa, lo cual es falso y solo nos conecta con juicios y creencias sobre uno mismo que no ayudan.

La rabia nos pone en una situación en la que resulta difícil sostener la pena, ya que estamos peleando contra ella con las herramientas de la mente que trata de entender y racionalizar.

Intentamos encontrar un modo de hacer que todo esto pase lo antes posible, con el fin de sentirnos como antes, aceptados e integrados como si nada hubiese pasado. El caso es que sí que paso.

Buscamos a un responsable, manteniendo el sentido de culpa que solo sirve para enquistar el evento. No hay culpables.

Solemos empezar a cuestionar todo: "La vida es injusta...", "Dios es injusto...", "si hubiese hecho esto o aquello...", "lo merezco..." o "no lo merezco...".

No hay posibilidad –aunque es lo más habitual– de comparar perdidas. No hay pérdidas iguales porque no somos iguales y no integramos las cosas del mismo modo. Además, las relaciones con las personas fallecidas, aunque ocupen el mismo espacio en un entorno familiar, siempre son diferentes para cada uno.

La rabia se alimenta especialmente de todo lo que ha quedado pendiente de hacer o decir. De lo no expresado, en suma.

Solo se puede trascender desde el perdón sincero hacia el otro y hacia mí mismo.

La pena

Permitirse entrar en la pena abre la parte final del proceso.

A veces necesitamos fingir que estamos bien para poder llevarlo con mayor facilidad. El caso es que el cerebro, que no distingue demasiado bien la realidad de la ficción, acepta que en ocasiones actuemos "como si…", a modo de herramienta para una recuperación. El estado es antes que el propósito. Cuando actuamos con intención de recuperación, y esta pasa por la aceptación de cómo nos encontramos antes que nada, empezamos a remontar. Siempre dejando fuera el sentimiento de culpa que no ayuda más que a la justificación.

Es el momento de dar cabida a la expresión del dolor, que es lo único que realmente permite aliviar la pena, entendiendo que aliviar solo significa ser capaz de convivir con ella mientras se encuentre presente.

Las patologías físicas asociadas al fallecimiento de alguien cercano van a surgir sobre todo de no poder hacer una transición natural del momento de pérdida. Así se presentan alteraciones de la alimentación, del descanso y en algunos casos incluso del cuidado personal.

Algo con lo que hay que tener cuidado, al menos desde el punto de tenerlo presente, son las estrategias de evitación que aplicamos al momento de la pena. Para escapar de lo que sentimos podemos entrar en comportamientos que, temporalmente, parecen alejarnos de donde estamos. Trabajo, adicciones, toma de riesgos, alejamiento de la realidad por distracciones. Son herramientas de aplicación temporal, pero nos desconectan en un momento en el que la conexión es la única vía real.

La única manera real y honesta de transitar la pena es reconocerla, aceptarla y darle el espacio que nos está reclamando.

A menudo tendremos la sensación de que esas emociones desbordadas y esos sentimientos no van a desaparecer nunca. Esto solo es un diálogo interior.

A la pena solo hay que darle un espacio y aceptarla, observarla y permitirle que nos muestre lo que tiene para nosotros como aprendizaje.

Reconciliación

El momento en el que todo empieza a colocarse llega de un modo inadvertido; la toma de conciencia es paulatina, hasta que sentimos que algo que nos dolía ya no está. Es el momento en el que sentimos que podemos seguir haciendo nuestra vida, y que esta ha tomado un nuevo rumbo. Y probablemente comprendamos que ya no es igual. Es una consecuencia de haberse permitido el paso por los momentos que el duelo ha requerido. Nada más. Y la restauración de la vida va a tener mucha relación con lo que nos hayamos permitido sentir.

Trascender la muerte de un ser querido no significa en absoluto olvidar, porque hay en toda partida momentos que no deben ser olvidados. La señal más clara de habernos reconciliado con esa muerte es sentir que podemos sostener los recuerdos y comprenderlos con amor y desde la felicidad

Podemos agradecer lo que fue, celebrar la vida y tomar el aprendizaje. El duelo se termina cuando podemos estar en paz con lo que ya es pasado, integrarlo en nuestra vida y seguir adelante con lo que ha cobrado nuevos significados.

Recuerda

→ Toda muerte abre un proceso de duelo que habrá de desarrollarse antes o después.

→ La muerte nos enfrenta a la realidad de su existencia y a la fantasía que hay tras la seguridad y el control.

→ Ha de abrirse un campo en el que poder dar expresión a las emociones.

→ Es normal la presencia de emociones contradictorias en un mismo momento.

→ Es importante darnos cuenta de los modos en que tratamos de evitar expresarnos, y con ello huir de la realidad de lo que está ocurriendo.

→ Todo se empieza a colocar cuando podemos vivir en paz con el pasado.

→ Superar la muerte de un ser querido no significa nunca olvidar. Hay una gran cantidad de buenos recuerdos que merecen ser conservados.

Separación

Tenemos una sensación de permanencia y de seguridad basada demasiado a menudo en la idea de *para siempre*. Además, demasiadas creencias de origen cultural según las cuales todas las personas han de hacerlo todo bien y a la primera, y esto incluye encontrar a su pareja ideal. A causa de estos patrones tan bien instalados, entramos en una dinámica que hace que tomemos a menudo como fracasos todas aquellas acciones que no han perdurado en el tiempo.

Y esto lo llevamos también al espacio de las relaciones. Parece que estamos buscando esa pareja que, además de ser la perfecta y ajustada a un determinado ideal, es para siempre. Todo lo demás no cuenta, o ha terminado mal.

Salvo por el aspecto del reconocimiento social ligado a eventos legales, como es el caso del matrimonio, el valor de la pérdida de separación es el mismo en cualquier ruptura de una pareja.

Un proceso de separación implica desmontar toda la estructura asociada a la relación que termina. La vida en comun ha desarrollado una realidad que afecta directamente al modo en que ambos miembros se desarrollan en la realidad. Este final también significa el final de un determinado modo de vivir. Es un hito relevante en la vida de las personas que sin embargo no está ritualizado.

Así como el matrimonio si lo está, en cualquiera de sus formas y variantes, el hecho de separarse no está investido de una componente ritualística que le dé un reconocimiento social. Esta falta de rito, que es un elemento fundamental para el ser humano a la hora de interiorizar cambios notables en su vida, también ayuda a que la separación se asocie a un quiebre personal y a una sensación de fracaso que afecta a la pareja como unidad y a cada uno de los componentes.

Si esa separación además va a acompañada de procesos legales, estos pueden ser demoledores, especialmente cuando hay hijos o personas a cargo de por medio.

Esta idea de fracaso cuando la relación acaba, se traduce en sentimientos de culpa, vergüenza y rabia que llevan a que sea vivida de un modo oculto. Lo más opuesto a un ritual. Y es más notorio si cabe en la parte que *es dejada*.

Cambios emocionales

Dependen de la fortaleza e cada una de las partes, y de su personalidad. Además de sus motivaciones, expectativas y de las emociones que cada quien pone o deja expresar durante el período de la separación.

Al contrario de lo que ocurre en el fallecimiento, en la separación nadie se ausenta de manera definitiva. Siempre van a quedar posibilidades de reencontrarse en la calle, en acontecimientos legales o , en el caso de hijos o amigos comunes, en las actividades que sean correspondientes con el rol de padres, vecinos, etc.

También esta el tema de la nueva pareja por parte de cualquiera de ambos.

La atención terapéutica dirigida a personas en procesos de separación guarda mucha relación con la necesidad de vaciarse. Está a menudo fundamentada en odio y resentimiento procedentes de a incertidumbre que se abre en el futuro tras la vida en común, pese a que puedan existir condiciones negativas, no deja de representar un marco de cotidianeidad al que se acostumbran la partes mientras están juntas. Y ajora desaparece.

También hacen presencia las conductas manipuladores. No solo las más habituales con respecto a los hijos, sino también al entorno que fue de la pareja. Es un modo de obtener aprobación y adeptos. También es la manera en la que se exterioriza la propia rabia y frustración, generalmente hacia la otra parte.

Algunas de las actitudes más habituales son:

- **Agresión**. No solo hacia el otro, sino también la autoagresión que, generalmente se empieza a manifestar por el descuido personal.
- **Depresión**. Que suele tener origen en a no aceptación de una nueva realidad.
- **Optimismo**. Por los nuevos comienzos. Ilusión y esperanza, aún dentro del quebranto, suelen ser las emociones más expresadas por quien ha tomado la decisión de separarse. Esto también puede ser motivo de frustración para la otra parte.

Otros cambios

Ya se ha comentado el hecho de que la separación va a tener como consecuencia directa un cambio importante en el modo en que los miembros se relacionan con su entorno en los más variados aspectos.

Uno de los más peso suelen tener son los de carácter económico, ya que independientemente de cual sea el aporte de cada uno a la economía de la pareja la suma de ambos es siempre más fuerte en este aspecto de lo que puedan ser cada uno de ellos por separado. Y ambos van a afrontar desde este momento una vida económica en soledad, con lo que va a representar como mínimo en la duplicación de algunos de los gastos más comunes y más importantes como vivienda, suministros o transporte.

Este planteamiento nuevo puede incluso ser más extremo en caso de que uno de los miembros sea particularmente dependiente del otro en términos de dinero. Tanto que este puede ser uno de los motivos por los cuales una pareja decida que no puede separarse.

También ha de considerarse la existencia de hijos o familiares a cargo. En este caso va a haber una necesidad de replantear toda la dinámica diaria para poder llevar a cabo lo cotidiano teniendo en cuenta las necesidades de estas personas sobre las cuales se tienen responsabilidades. Esto conlleva cambios de horarios, de rutinas y de necesidades de recursos. Puede tener como consecuencia cambios de residencia o empleo y reajustes en los patrones de gasto. También a tener que coordinar o incluso renunciar a tiempo del que se disponía antes para otras actividades y que ya no está disponible en la nueva coyuntura.

En lo laboral, y sin entrar en complejidades mayores como las que planta el mercado de trabajo, los cambios en todo aquello que era rutinario y cotidiano van a ir acompañados de nuevas necesidades que afectarán en el campo del desempeño profesional. Nuevas o diferentes necesidades en términos de ingresos, tiempo disponible, desplazamientos y ajustes de horarios.

La estructura social circundante se puede ver sacudida por este evento. Especialmente cuando una de las partes se encuentra integrada en el grupo familiar o de amistades de la otra. O cuando una de ellas no tiene un entorno propio. Es una sensación de desarraigo que no siempre es fácil de gestionar con el añadido de que a menudo los demás también tienen dificultades para sostener el paso o sienten la necesidad de ponerse de parte de uno a costa del otro.

En cuanto a los términos legales de la separación, van a depender en casi todo de cual sea la forma legal en la cual se ha formulado la relación. Los procesos de divorcio son rápidos en la actualidad, pero no todas las separaciones se llevan a cabo en un espacio de consenso y acuerdo. Las luchas que se plantean cuando hay que considerar temas de familia, hijos o reparto de bienes y usufructos pueden dar lugar a largos litigios en los cuales los aspectos prácticos, de comodidad y sensatez suelen estar muy contaminados por peleas de egos y orgullo.

Solemos habitar, dentro de la sensación de pérdida que acompaña a un proceso de este tipo, una cierta necesidad de ganar o, al menos, de que el otro no gane. Visto desde fuera, esto es tóxico tanto para el que pierde como para el que presuntamente gana. Es fácil que nos pase inadvertido que en esto no gana ni pierde nadie. Simplemente es una cosa que se convierte en otra. Y todo lo que podemos es acompañar con la mayor serenidad posible el desarrollo del evento.

El proceso

Una de las cosas que más se abren camino en el momento de pasar por la separación de la pareja es entrar en una sensación de que hay que recuperar el tiempo perdido. Como si el haber estado viviendo en pareja hubiese sido una especie de intermedio en la vida personal y nos viésemos llevando a cabo de repente toda una serie de actividades que no se pudieron realizar durante la relación.

Esta sensación procede de la necesidad de escapar del proceso doloroso entrando lo antes posible en un modo de vida diferente. En realidad, si hemos sido de verdad nosotros mismos durante la relación, tampoco fuera de ella vamos a hacer de repente nada nuevo.

Al igual que ocurre en cualquier otra pérdida, las etapas que van a seguir están bastante bien definidas y se desarrollan con un cierto orden. Si bien es muy posible que en algún momento se solapen dando lugar a sentimientos y emociones que resulten incluso contradictorias.

La primera parte se presenta con el shock inicial. La decisión de poner fin a la relación hace presente una nueva realidad que, a poco que seamos conscientes o sensibles a lo que ocurre a nuestro alrededor, ya se ha venido manifestando con anterioridad.

En esta entrada al proceso, cuando todo se acelera, nos sobreviene el vértigo de tomar con claridad la proximidad de la que hemos venido hablando en todo lo que se relaciona con nuestra estructura personal.

De esta manera, vamos acercándonos al fondo del mismo. Aquí es donde nos hacemos plenamente conscientes de lo que está ocurriendo y es el momento de la toma de decisiones. Y son decisiones que deben estar en todo momento enfocadas en uno mismo. Es el punto en el que nos estancaremos o del que vamos a salir del todo renovados. Es difícil. Pero hemos de ser capaces de abrazar el momento. La negación o el encerrarse no acompaña ni soluciona. Solo va a enquistarnos en una situación de la que no tenemos control en absoluto y en la que, con gusto o sin el, somos parte.

Es el momento para encontrar la confianza en que se trata de algo que, si bien es doloroso, nos puede permitir salir muy reforzados en nosotros mismos.

El paso básico para que esto ocurra es alcanzar un estado en el que podamos cuestionar, analizar y sobre todo cambiar el sistema de creencias en torno al cual hemos estado desarrollando la construcción de la realidad. Creencias que se relacionan directamente con nuestras ideas personales sobre lo que somos o no capaces de hacer y afrontar, los miedos ante futuros que pueden parecernos inabordables pero que ya no tenemos otro remedio que encarar sin perder de vista quienes somos.

Estabilización

El modo en que se produce la recuperación va a venir marcado por diversos factores, como quien es el miembro que lo ha planteado, ya que no ocupa el mismo rol quien deja que quien es dejado. Y esto marca una importante diferencia. También en cómo se produce el impacto inicial, es decir, si se trata de algo predecible o esperado o se trata de una situación inesperada. De si es un proceso negociado o impuesto.

Es importante como se vive la separación en conjunto. La interacción de las personalidades suele dar lugar a situaciones en las que ambos se ayudan y colaboran o en las que todo sean trabas e interferencias.

Una actitud de colaboración es, en este sentido, lo más constructivo y ayuda a ambas partes, además de favorecer la integración por parte de las personas que conforman el entorno, especialmente los hijos.

No todas las personas tienen la misma facilidad o disposición a asumir cambios y en esto un poco de colaboración y ayuda interna o externa actúa como un bálsamo para todos.

Hay que tener en cuenta que toda separación procede de un conflicto previo. Como tal, puede ser empoderador para todos o destructivo el modo en que se gestione este aspecto.

La separación es una consecuencia de ese conflicto, pero no tiene porqué ponerle fin. Será óptimo en este caso que, con separación o sin ella, ese conflicto sea visto y resuelto, con aceptación y voluntad d las partes. Lo contrario lleva a situaciones insostenibles porque, al fin y al cabo, se trata de un duelo no resuelto.

En este sentido es fundamental evitar entrar en políticas de agresión, incluida la auto agresión, que se basan comunmente en el odio y en el resentimiento. Los cruces de acusaciones no resuelven nada. Solo sirven para alimentar los egos. Aquí siempre es necesario un proceso de perdón, empezando por perdonarse cada uno a sí mismo.

Lo mismo ocurre con los sentimiento de culpa. No tiene sentido entrar en culpar ni en culparse.

Cuidarse es uno de los principales síntomas de la recuperación de la normalidad. En todos los sentidos, salvo quizás cuando es usado como un método para provocar al otro. Es una muestra inequívoca de estar tomando la responsabilidad sobre uno mismo. El estado es antes que el objetivo. Cuando uno se cuida, empieza a sentir que se lo merece. Es una cuestión de neuroplasticidad. El cerebro no conoce la diferencia entre realidad y ficción. Actuar *como si* si es preciso, también es una herramienta de la recuperación. En este aspecto de cuidarse, es fundamental cuidar de manera especial aspectos como la alimentación y el descanso.

Abrir la expresión del campo emocional en todo momento. En el paso a reorientar la vida, también hay una parte muy importante en el ser capaces de permitírnoslo, y eso se manifiesta en la capacidad de reconocer siempre lo que estamos sintiendo y atrevernos a expresarlo.

Además, ell sentido del humor es fundamental para poder abrir puertas sabiendo que otras han de ser cerradas antes. Nunca debemos fijar nuestras expectativas de futuro ligándolas a un hecho y a unos acontecimientos que ya pertenecen al pasado

Guarda todo lo que fue bueno. Es seguro que hay recuerdos, situaciones, acontecimientos, que merecen ser guardados.

Y, sobre todo, nunca dejes de hacer planes.

→ Independientemente de las circunstancias, poner fin a una relación es un hecho relevante, y marca un hito en la vida de las personas que lo experimentan.

→ Todo final es una pequeña muerte. Como tal, implica una serie de cambios en algunas de las áreas más importantes de nuestras vidas.

→ La idea de para siempre es la que tiñe de fracaso toda ruptura.

→ La persona que se separa no desaparece de nuestra vida como ocurre en un fallecimiento

→ La resignificación de la vida procede de la toma de contacto con toda una serie de características propias que manejaremos en solitario

→ Nuestro entorno nos va a devolver la misma energía que estemos proyectando en todo este proceso

→ Si hay un conflicto, está pidiendo ser observado. Aunque se produzca la separación, este evento por sí mismo no lo resuelve, y debe ser integrado

→ La culpa es un estorbo. Y además se basa en creencias generalmente falsas

→ Cuida tu aspecto, descanso y alimentación. Puedes y debes volver a descubrirte

→ Las emociones deben ser expresadas.

→ El sentido del humor es indispensable.

→ Nunca dejes de hacer planes y de ilusionarte por cosas. Si es preciso, actúa *como si*. El cerebro no notará la diferencia.

Enfermedad

En algún momento del camino vital de las personas se presentará en nosotros mismos o en alguien cercano una experiencia de enfermedad. Desde las que nos incapacitan temporalmente hasta las que abren un cuadro terminal, las enfermedades nos enfrentan con sensaciones y emociones que relacionamos directamente con la incapacidad y la muerte.

La enfermedad llega de manera inesperada, como algo incómodo que no somos conscientes de haber pedido a la vida, y evidentemente como algo que de ninguna manera es deseado. Son momentos de buscar soluciones y también de ocuparnos de emociones que suelen estar relacionadas con la búsqueda de explicaciones y la comprensión de cómo ha llegado y para que viene a nosotros.

Es precisamente en este sentido en el que la enfermedad se puede convertir en una maestra importante. Nos muestra aspectos de nosotros mismos que tal vez no hemos estado cuidando de manera adecuada o a los que no hemos prestado la debida atención.

El cuerpo nos envía señales. Si no las atendemos ni ponemos en ellas un mínimo de conciencia, acabará por hablarnos a gritos.

No se trata únicamente de cuestiones del cuidado del cuerpo, sino de todos los hábitos. De los hábitos que desarrollamos en nuestra existencia de un modo consciente o no. Muchas de las corrientes de pensamiento en materia de salud, incluyendo aquí a la medicina convencional, plantean ya abiertamente que la enfermedad se expresa como una manifestación en el plano físico de temas no resueltos o incluso a veces obviados en otros planos de la persona, como el emocional.

Así, la exploración de las emociones y de las expresiones del subconsciente van tomando cada vez más fuerza en el tratamiento de la enfermedad.

La gestión emocional de la enfermedad

El proceso de enfermedad grave, sobre todo cuando va a plantear cambios que pueden ser radicales de cara al futuro y en el modo de entender y vivir la vida, se presenta, como en toda pérdida, como un proceso de duelo.

El *shock* inicial tiene lugar en el momento mismo del diagnóstico. También esta fase puede venir precedida del miedo que genera el hacernos conscientes de que algo grave nos está ocurriendo.

Aparece el miedo. Miedo a un futuro que integra una perspectiva de muerte más o menos cierta. Por mucha confianza que podamos depositar en el tratamiento planteado para el caso, la realidad es que se manifiesta la presión de la mente, con su habitual binomio de predicción de futuros. Mente y control. Pena y dolor. Necesidad de comprensión que, a menudo, solo va a servir para alimentar la culpa.

Las alternativas son variadas, pero sobre todo vamos a comenzar por decidir si la vamos a vivir con apertura o con ocultación, y no siempre es una decisión consciente, sino que va a venir dada sobre todo por la manera en que seamos capaces de manejar la situación, las emociones y sentimientos que trae asociadas.

Podemos elegir expresarlo, asumir la presencia de la enfermedad y aprovechar todos los recursos que la vida ponga a nuestra disposición para gestionarla incluso desde el apoyo externo. De este modo, la enfermedad se convierte en una oportunidad y en una experiencia de vida, siendo siempre conscientes de los cambios que ello va a implicar a futuro y abrazándolos.

Podemos también elegir la ocultación, incluso a nosotros mismos. La negación de la realidad. Esto va a generar desde el principio una gran carga emocional por esa necesidad de ocultar, y el esfuerzo de vivir una realidad furtiva. Un sentimiento incluso de vivir ocultos que se traducirá a corto plazo en una suma de dificultades y en una incapacidad peligrosa para ver otras alternativas.

Asumir la enfermedad como algo presente, que tal vez no deseábamos pero que podemos reconocer y sostener en la realidad diaria, proporciona de entrada un incremento notable de las posibilidades de sanación.

Es un espejo magnífico en el que mirarse para hacer presente, y apreciar de este modo el camino por el que nos va llevando la vida tal como la estamos haciendo.

Es un tema de responsabilidad personal de cada uno sobre sí mismo. Esto, a pesar del miedo inicial, aporta sin duda una mayor calidad de vida, aun a pesar de estar viviendo un cuadro de enfermedad.

Se producen cambios muy importantes, incluso radicales, por el propio proceso de enfrentar la realidad en aspectos vitales y significativos como pueden ser nuestras prioridades, la percepción que tenemos de todas las cosas, y sobre todo en la evolución que experimenta nuestra escala de valores personales.

Por el contrario, la negación solamente va a tener como consecuencia el entrar en actitudes que alimentan nuestra sombra. Todas esas emociones características o valores que nos son propios, pero que nos esforzamos por negar y ocultar por un juicio personal tan negativo. Todo lo que no queremos mostrar, pero que al mismo tiempo exige un gran esfuerzo para ser mantenido encerrado en lo más profundo de nuestro ser. Es un momento magnífico para tomar conciencia clara de que todo lo que no sea tratarnos bien es maltratarnos. Y no nos merecemos ningún tipo de maltrato, especialmente desde nosotros mismos.

El tratamiento

La parte más importante del enfoque del tratamiento de la enfermedad es el modo en que manejamos el dolor, tanto el físico como el emocional.

Es fundamental abrir la posibilidad a la expresión y a la comunicación de las sensaciones y emociones, es innecesario y dañino el sufrimiento en silencio y soledad. El apoyo propio y externo es una base fundamental de la recuperación, y nuestro entorno siempre será beneficioso en la manera que sepa o pueda colaborar con nuestro proceso.

El tratamiento médico de cualquier enfermedad puede convertirse en una época dura de manejar para la mayoría de las personas. No solamente por la dureza más o menos agresiva del mismo, sino porque también suele traer añadidas consecuencias que no siempre son deseadas, especialmente en la medida en que nos sacan fuera de nuestra rutina. Siempre estará presente la atención en nuestra zona de confort, como vemos.

Uno de los elementos más complicados de manejar es el modo en que nos desconecta de nuestra vida habitual el hecho de pasar por un tratamiento para una enfermedad. En el menos severo de los casos, hablamos de dietas específicas, atención horaria a medicamentos o alteración de pequeñas costumbres. Si nos vamos a mayores, entraríamos en el campo de alteraciones de horarios, abandono de hábitos muy arraigados, adopción de otros nuevos, o incluso el sometimiento a técnicas terapéuticas que implican tener que reorganizar por completo nuestra vida, una nueva rutina de rehabilitación, ingresos hospitalarios o introducción de cambios radicales en nuestra manera de alimentarnos o de hacer ejercicio. Fundamentalmente hablamos de cosas que ya no podemos hacer, o bien de todo lo contrario, es decir, elementos que nos vemos obligados a incorporar a nuestras vidas.

La clave va a estar precisamente aquí, en el sentimiento de vernos obligados a realizar o a dejar de realizar. A tener que disponer de nuestro tiempo y de nuestras capacidades de un nuevo modo. A algo que no hemos elegido y nos viene impuesto.

Aceptación. Si la realidad, por el motivo que sea, ha sido cambiada, nos podemos pelear con ella o por el contrario podemos acompañarla hacia una nueva manera de vivir. Aquí podríamos entrar también a contemplar si todo esto que nos sobreviene es realmente inesperado o es una llamada de atención de nuestro cuerpo, del ser esencial que somos, en el sentido de que nos estamos alejando tanto de nuestra vida que necesitamos ser detenidos, reflexionar y recomenzar.

Por esta razón, la manera en que afrontamos el tratamiento es fundamental en la recuperación. Y esto incluye dos matices importantísimos:

Por un lado, afrontar. Afrontar significa poner enfrente. Enfrentar, no pelearnos ni con nuestro cuerpo, ni con la enfermedad, ni con la realidad que nos toca, que solamente necesita ser observada. Y tal vez, si somos honestos, ese espacio de nueva visión nos aportará muchos matices sobre nosotros y sobre nuestra manera de vivir que se nos estaban pasando inadvertidos.

Por otro lado, la recuperación. Zona de confort otra vez. Como en todas las crisis, tratamos de encontrar una manera de que las cosas vuelvan a su cauce. Esto es, a donde estaban antes del evento. ¿Y si esto no es así? Porque tal vez lo que necesitamos es entender que es un cambio lo que nos va a llevar a recuperarnos, a reconstruirnos.

Por esto, el proceso de tratamiento requiere una apertura de todos los campos posibles de expresión. Hacia el exterior y hacia el interior. Podemos aprovechar esta ocasión para permitir que la enfermedad sea una maestra, aunque la lección sea dura en ocasiones. Por una parte, para reconocernos, volver a conocernos a nosotros mismos desde una perspectiva diferente y renovada. Por otra, para permitir un campo emocional en el que nuestro entorno, sobre todo quienes nos rodean, puedan ser parte. No temer pedir ayuda y apoyo. No siempre nos toca ser fuertes, y más a menudo de lo que nos gusta reconocer, los demás también son una fortaleza para nosotros.

Los cambios

Las personas que pasan por un proceso de enfermedad grave y son capaces de afrontarlo —o se permiten hacerlo— en los términos que hemos expresado, van a experimentar cambios vitales. No nos resulta extraño el ejemplo de quienes, tras un severo proceso, han resignificado sus vidas de un modo que por lo común nos resulta incluso sorprendente. Parece como si fuesen otras personas. En realidad, lo que ocurre es que se están permitiendo expresarse de maneras que se han estado limitando antes para poder seguir siendo lo que pensaban que debían ser en su entorno. Y eso ya ha pasado a un segundo plano.

Cambia la percepción del mundo, de lo que somos y también de lo que son los otros y de lo otro es para nosotros. La vida se experimenta de modo muy diferentes cuando se ha estado en unos momentos de carencia, de incapacidad o de indefensión. La fortaleza personal se revela con fuerza cuando se depende de una medicación, de otras personas o de un sistema que integramos como externo, cuando nos damos cuenta de que no siempre somos autosuficientes, y a pesar de los temores naturales, nos rendimos a este proceso y lo aceptamos.

Las prioridades en nuestra vida se ven también alteradas. En el campo de las cosas que son importantes suele darse un vuelco realmente importante cuando no podemos llevar a cabo actividades que hasta ese momento resultaban muy secundarias, automáticas o triviales, y nos encontramos con la importancia que realmente tienen. Lo que damos por hecho o es inconsciente, de pronto se manifiesta con todo su poder en nuestra vida. Quienes han pasado por problemas respiratorios agudos y se encuentran con una dificultad real para respirar, se vuelven muy conscientes de lo trivial, inconsciente y natural que es el proceso de llenar los pulmones. Pero hay un cambio radical de conciencia cuando esto no ocurre y agradeces estar vivo a un mecanismo que, por trivial, nunca está presente en los pensamientos de una persona sana.

═══════════════ Recuerda ═══════════════

→ Desde las más leves hasta las terminales, las enfermedades llegan a nosotros como algo que no hemos pedido ni deseado.

→ Se puede entender como una manifestación en el plano físico de temas no resueltos o digeridos, como una llamada de atención sobre algo que no estamos viviendo.

→ Las alternativas son ocultarlo –incluso a uno mismo–, con lo que entramos en dificultades por la ocultación, o expresarlo y asumirlo como una oportunidad y una experiencia de la vida

→ Con el diagnóstico se presenta el miedo. Nos enfrenta a nuestra necesidad de prever el futuro, de continuar nuestra vida "normal" y a la fuerza del binomio mente-control.

→ Cualquier dolor o preocupación de salud que nos sobreviene nos enfrenta con una pena emocional.

→ Asumir la enfermedad proporciona más posibilidades de curación.

→ Hacerla presente significa asumir la responsabilidad personal y tomar decisiones sobre nuestra vida.

→ La sombra en la enfermedad significa caer en el abandono personal. Es la manifestación de vivir en el papel de la víctima. Ser responsables consiste sobre todo en no culpar a nada ni a nadie. Somos los artífices últimos de nuestra salud.

→ Durante los tratamientos es importante cómo manejamos el dolor, es importante comunicar todas las sensaciones y no sufrir en silencio y soledad.

→ La enfermedad nos enfrenta con la vida y produce cambios de prioridades, percepciones y valores personales que se traducen en grandes oportunidades para vivir.

Envejecimiento

Es inevitable la aparición de un proceso progresivo a lo largo de la vida, en el que empiezan a aparecer signos evidentes de que está teniendo lugar una minoración de capacidades. Es natural y forma parte de una biología que ha pasado por diferentes fases, desde el desbordante crecimiento de la infancia hasta este declive físico que se va presentando con el paso de los años. A esto hay que añadir también las experiencias vitales y físicas de cada persona a lo largo de este devenir.

Como ya se ha comentado, vivimos en una sociedad que se empeña en vivir de espaldas a la muerte, y la vejez nos enfrenta a la realidad de que esta muerte está por venir.

En la edad más avanzada, el objeto de la vida ha cambiado y ya no es el vigor juvenil o de la madurez la característica que marca el rumbo de los acontecimientos ni el modo en que han de desarrollarse; sin embargo, el apego a ese vigor lleva generalmente a la negación de su partida. Es un duelo en sí mismo.

Además, la desaparición progresiva de los diferentes rituales de paso que se ha producido especialmente en Occidente, y que servían como señales visibles de evolución individual y social, y como marco para los cambios progresivos de roles, nos ha ido empujando a desarrollar una cierta falta de conciencia sobre el paso del tiempo, así como de esos roles que están asociados al transcurso de los años de vida y al avance de la edad.

Tampoco esto es nuevo. Ya en la Antigüedad, hombres y mujeres se maquillaban con un objetivo mucho más allá de la belleza o la estética. Lo que se busca en el campo de la cosmética es dar siempre una apariencia joven, fresca y lozana. En la actualidad se plantea como una cuestión de imagen. Recordemos que lo joven es atractivo y lo viejo no lo es. El objetivo inicial de maquillarse era algo tan simple como engañar a la muerte. "Si nos encuentra jóvenes no nos alcanzará", se pensaba, "porque no nos identificará como ancianos en el camino de abandonar este mundo".

El concepto de vejez, por tanto, ha cambiado radicalmente en el último siglo, y además es una evolución que avanza a toda máquina en el ideario colectivo de la sociedad.

Hoy nadie es considerado un anciano con cincuenta años, y las posibilidades de permanecer plenamente activo por encima de los sesenta o incluso setenta se han multiplicado.

También los roles y las actividades asociadas a la edad madura han evolucionado de un modo radical, hasta el punto de que actualmente existe un amplio mercado de productos, opciones y sobre todo servicios, enfocado a un sector de la población que se muestra plenamente activo, con tiempo libre y con una renta disponible. Esto se puede dar, bien porque sean independientes y libres de actuar por cuenta propia, o bien porque sean demandantes de toda una serie de servicios que las familias ya no prestan habitualmente, pero por los que están dispuestos a subcontratar: residencias de día, geriátricos, etc.

Esta toma de conciencia de la que hablamos puede ser más o menos progresiva, pero la minoración expuesta es cada vez más y más evidente, especialmente focalizada en el aspecto físico, la pérdida de visión o movilidad, el dolor crónico o los problemas dentales.

Sin embargo, disponemos actualmente de mecanismos que permiten llevar a cabo una vida completamente normal a pesar de ello. Avances en medicina y cirugía, protésica o preventiva. Pero el caso es que, a pesar de que es cierto que disponemos de todos estos avances y que facilitan absolutamente el desarrollo de las actividades, estamos envejeciendo igualmente.

Una cosa es que podamos hacer una vida "normal" o al menos plenamente confortable, y otra muy diferente es que nos neguemos a asumir que estamos en un momento de la vida en el que, como dijimos, ya no nos toca ser vigorosos. Ahora ocupamos un rango y un rol diferentes.

El concepto de *elderazgo*, la figura del maduro o anciano sabio que aporta al grupo toda su experiencia, ha perdido fuerza en el entorno actual. Un entorno que fomenta el vigor y la técnica empieza a prescindir de la sabiduría de los mayores y la coloca en el espacio de los elementos antiguos.

De hecho, parece haber un cierto desplazamiento de esa sabiduría, que ya no pertenece a los ancianos, sino a los jóvenes que acceden, manejan y desarrollan plenamente el campo de las nuevas tecnologías.

Con esto nos encontramos en un punto en el que no solamente hemos olvidado lo que significa envejecer, sino que llegamos a obviarlo; se puede llegar a afirmar que incluso está mal visto.

Así, aparcamos a los ancianos en residencias, puesto que el ritmo de vida que estamos asumiendo actualmente como normal, y las necesidades laborales cada vez dificultan más el hacernos cargo de nuestros mayores.

Aprender a envejecer

Aprender a envejecer pasa por comprender que el rol que desarrollamos en la sociedad está cambiando, y también se transforman los rangos otorgados a las personas en función de su edad, del mismo modo que lo hacen nuestras necesidades y ocupaciones dentro de ese mismo marco social.

Fenómenos como el desarraigo familiar y la pérdida de poder adquisitivo que se está dando en el sector más amplio de la sociedad, también están convirtiéndose en serios inconvenientes.

Básicamente, la conciencia del paso de la edad madura a la vejez, eliminando aquí el tono marginal que se asocia a esta palabra, pasa por comprender que, a pesar de que disponemos de los medios para dar un aire de normalidad al lugar que ocupamos, nuestro rol social es otro y podemos aprender a convivir con ciertas limitaciones, en lugar de permanecer en lucha con ellas.

El concepto básico, como ya se ha mencionado anteriormente, es que entramos en un momento de nuestras vidas en el que el vigor maduro ya no es el papel que toca ocupar en la sociedad. Las personas que alcanzan ciertas edades —y esto puede ser muy relativo en distintas culturas— no aportan fortaleza a la sociedad. Al menos no en el sentido físico. Aportan el valor de la sabiduría y del conocimiento de la vida.

Esto, además, debe ser visto con la perspectiva de que con los cambios que ha estado experimentando la sociedad en los últimos decenios, este sector de población se ha ido ocupando de tareas de carácter doméstico que estaban antes asociadas a la paternidad, como el cuidado y la atención a los más pequeños, e incluso tareas domésticas menores.

En todo caso, la aceptación del estatus que proporciona la edad va asociado a un sistema laboral en el que se espera que con la jubilación empiece una etapa de disfrute. Sí, esto es muy cierto, pero no bajo los mismos parámetros que cuando se trataba de personas en edad madura. Ahora tanto las necesidades como las capacidades son otras. La clave va a ser entender cuáles son las necesidades que han de ser satisfechas y cuáles las demandas de realización personal, que son muy distintas a partir de esta etapa.

No hay nada que demostrar, pues generalmente todas las manifestaciones del ego han sido desarrolladas anteriormente. Tal vez lo único que realmente habría que poner en valor es la visión que como sociedad en conjunto tenemos sobre el valor de nuestros mayores. Una tarea en la que ellos tienen una tarea por delante que, afortunadamente, se va plasmando en la realidad social.

Recuerda

→ El envejecimiento es un proceso natural e imparable.

→ La realidad de los mayores ha cambiado mucho en los últimos tiempos, especialmente en cuanto a sus posibilidades de llevar a cabo una vida plena y satisfactoria.

→ Todo lo que tiene que ver con llevar esa vida satisfactoria pasa por entender que la realidad es otra, y que el papel a desarrollar en todos los ámbitos, sociales, familiares y personales, es otro.

→ Una persona en edad avanzada puede disfrutar tanto como se lo permita.

→ Habitar en la queja de capacidades que se han ido solo nos conduce a perder de vista nuevas opciones.

→ Con los avances en campos diversos, que van desde la medicina hasta las actividades, programadas específicamente para mayores o adaptadas para ellos, una persona de edad avanzada puede disfrutar plenamente su vida.

→ Hay que entender que el rol social ha cambiado. Ya no es momento de demostrar nada, sino de poner a disposición de todos lo que se ha vivido. Y por añadidura, lo que queda por vivir, que no es poco.

→ Ser anciano no significa ser inútil o incapaz. La utilidad y las capacidades son otras, y no menos importantes para el entorno personal y social.

→ Como en cualquier otro momento de la vida, seremos tan plenos y felices como nos permitamos ser.

→ Hay un componente muy importante de atrevimiento personal en seguir siendo capaces de romper la zona de confort.

Quiebra

La carga emocional de una quiebra o bancarrota es abrumadora, y puede incluso derivar en momentos muy destructivos para la realidad de quienes pasan por ella.

Todo ello porque el dinero, con lo que significa en el intercambio de información con el mundo, tiene un poderoso componente emocional. Cuando lo tenemos, porque nos lleva a la cima de una sociedad profundamente instalada en la relación del éxito con la abundancia económica, aunque al mismo tiempo este modo de entender el éxito significa una gran inversión en términos de esfuerzo para sostener una imagen que realmente nos habla de quienes estamos siendo, no de quienes somos. Relacionamos así abundancia económica con estatus y fundamentamos el concepto de nosotros mismos con toda una serie de símbolos externos que definen una determinada posición social.

Cuando no lo tenemos, empezamos a poner en desequilibrio la valoración personal. Ya estamos tan acostumbrados a sentirnos identificados en los símbolos que vemos nuestro valor en lo que tenemos y en lo que hacemos, así como en el nivel de prestigio que lleva asociado, cuando en realidad ese valor está en lo que somos.

Debido a esa componente social de la que hablamos, la entrada en situaciones de deuda produce un entorno de preocupación y angustia expresado en emociones como ansiedad, ira, impotencia, etc. Incluso hasta el extremo de que hay personas que sienten malestar físico o presentan problemas a la hora de solucionar estas situaciones por no ser capaz de afrontar su realidad.

La crisis bancaria e inmobiliaria iniciada en el año 2008 nos puso frente a la realidad de lo inestable que era el sistema de valores socioeconómico en el que nos habíamos instalado. Y lo realmente paradójico de esta quiebra social es que todos los esfuerzos de superación han acabado por enfocarse en volver al mismo paradigma, al mismo nivel previo a la crisis. También en lo social y en lo económico hay una gran resistencia al cambio y toda recuperación se enfoca a la restauración, y no a la evolución.

De esta forma, nos encontramos ahora en un momento de rebote que, a las puertas del año 2020, solo doce años después, nos está colocando de nuevo ante una burbuja inmobiliaria que amenaza con un resultado muy similar al de entonces.

Podemos ver con gran claridad, en estos momentos de fractura personal, una de las mayores trampas que nos hemos estado haciendo en estos últimos tiempos como personas y como ciudadanos. Hemos puesto de manera permanente el valor personal fuera de nosotros, y es un lugar que no le toca de ninguna manera. El valor personal es un concepto fundamentalmente interior y de cada uno de nosotros, y quizá no deberíamos descuidarnos tanto como para estar cuestionándolo permanentemente en función de circunstancias y valores externos.

O puede que tal vez solo sea una expresión más de esa costumbre de poner el objeto de la felicidad también fuera. Una forma de actuar en la que todo nuestro poder personal queda completamente ajeno a nuestro campo. O que no nos sintamos capaces de asumir la responsabilidad. Ponemos fuera de nosotros los elementos de autoridad y tenemos alguien que nos dicte, y en su caso, a quien culpar. Alguien que no sea yo. Aquí es importante recordar que donde se pone la autoridad se pone también la responsabilidad. Cuando eludimos esta última, perdemos también la primera.

El proceso de quiebra

Siguiendo el esquema planteado para cualquier proceso de pérdida, podemos diferenciar seis fases muy marcadas en el caso de afrontar una quiebra económica.

Afrontar

La clave a la hora de empezar a recuperar una quiebra es aceptar que las circunstancias se están dando. Puede ser realmente muy complicado en este inicio. Las emociones se desbordan, aparece un profundo sentimiento de fracaso y la culpa sobrevuela todo el escenario para alimentarlo más aún. Pero la realidad es que está sucediendo.

Aparecen la ansiedad, la ira, la depresión, el resentimiento, la impotencia... La lista puede ser muy larga. Pero sobre todo, esa sensación de irrealidad. ¿Cómo puede estar pasando esto? Una sensación abrumadora que se hace muy real aunque el proceso haya empezado mucho antes y este sea un desenlace que ya se veía venir.

Lo más importante en este momento es no escapar de la situación. Aunque en lo más humano de nosotros se presente la necesidad de huir, de negar, de evitar.

Pero el caso es que solo afrontando lo que ocurre vamos a poder ponernos en el *estado necesario* para empezar a encontrar una salida. Y este estado va a ser fundamental en todo este viaje.

No importa demasiado cómo se ha llegado hasta aquí, salvo si acaso como lección para el futuro. El caso es que el futuro es bastante complicado de observar desde donde nos encontramos. Al menos, un futuro agradable. Todos los cimientos de lo que somos, de lo que tenemos, de dónde y de cómo estamos, se están desmoronando. Y no es exagerado. Hemos puesto tanta carga personal en el personaje que habitamos socialmente, que esta situación empieza por el punto de cuestionarnos absolutamente todos los aspectos de nuestra persona.

Evaluación

Por complicado, desagradable y duro que pueda parecer en un principio, es el momento de hacer un balance.

Qué es lo que se ha perdido, en la medida en que pueda ser cuantificado, haciendo un repaso concreto de lo que ya se ha ido y también de todo lo que esté en riesgo de irse. Es un momento para contar únicamente con aquello que se puede contar, abandonando expectativas e ilusiones acerca de otras propiedades, derechos, etc., que no están en condiciones de ser garantizados.

Por otro lado, está el tema de las deudas. No solo es lo que se ha perdido, sino también todo lo que está por pagar. Esto es un pasivo que de un modo u otro va a tener que ser soportado. Y en esto es muy positivo ser completamente honesto, pues es el paso previo a plantear cualquier opción de solucionar esa deuda.

Todo lo anterior va a estar sujeto, probablemente, a procesos legales y judiciales que son extremadamente desagradables. También hemos de prepararnos para esto. El problema es que cuando llegamos a estos ámbitos es después de un período de lucha por sostenernos que nos hace llegar a este momento cansados y generalmente abatidos. Es el mayor esfuerzo y va a llegar cuando nuestro campo emocional está más sometido a exigencia. Pero también es verdad que no resulta fácil saber a dónde dirigirse si no se tiene perfectamente claro antes cuál es el lugar desde el que se parte. Y esta es la naturaleza de este paso.

Una vez llegados al fondo, hacer un plan

Hacer un plan de recuperación es algo que resulta extraño en una comunidad como la española, con una cultura financiera bastante mínima, cuando no inexistente. Lo más habitual es ir sorteando las cosas según van viniendo, siempre con la esperanza de que llegarán momentos mejores. Pero la realidad es que esos momentos van a llegar si se visualiza cuál es el objetivo y solo si se desarrolla un plan mínimo para alcanzarlo.

Podemos presupuestar cuál es el mínimo de gastos que se pueden asumir, eliminar todo lo que sea superfluo y plantear, como en cualquier planificación, cuál es el plazo de ejecución. No es importante el tiempo en términos relativos. Hay gente que se recupera en meses y otra en años. Pues bien, los que no planifican nada corren el riesgo de no recuperarse nunca. La idea es hacer un plan, por ejemplo a un año, y aun cuando la recuperación sea más rápida, ajustarse al mismo del modo más estricto posible.

Seamos claros

Estar en un momento de quiebra no cuestiona el valor de la persona. No es motivo de vergüenza ni se convierte en algo que deba ser escondido. Uno de los elementos más importantes para recuperarse es no ocultar lo ocurrido, y especialmente pedir la ayuda que se necesite. Esto también es un modo magnífico de encontrar en nuestro entorno una valoración, generalmente inesperada, que tiene que ver con nuestro valor personal en los demás.

Estar enfocados en recuperarse

Es importante darse cuenta de qué es lo que nos impide estar focalizados en todo este camino y pueda poner trabas a la hora de dirigirnos hacia la salida.

Aparte de lo ya mencionado al respecto de eliminar todos los gastos que no sean imprescindibles, también merece un apunte el evaluar cuáles son las relaciones que no nos aportan. Dejar a un lado derrotismos, lamentaciones y quejas pasa también por cuestionar la importancia y el aporte de ciertas relaciones personales.

La idea es enfocarse en una vida más sencilla, más simple, y sobre todo, asumible naturalmente con los ingresos que puedan salvarse de la quiebra. Estar de vuelta, con un plazo determinado y a través de un plan, implica enfocarse.

La recuperación

El único compromiso que tienes realmente es contigo mismo y con los que te importan. En principio, solo se ha perdido dinero, y con él las cosas que pueden comprarse con dinero, incluyendo el estatus social.

El punto de recuperarse pasa antes que nada por ser consciente de que tu valor personal permanece intacto. Que tienes la oportunidad de hacer algo diferente con tu vida y que este proceso puede ser muy cuesta arriba, pero puede resultar un importante aliciente para encontrar una motivación en ti mismo que no conocías.

Realmente es algo que se comenta muy a menudo, pero los ejemplos de personas que han superado una quiebra presentan a menudo la imagen de quienes por este camino han aprendido que pueden ser muchas otras cosas, y que han descubierto cosas sorprendentes sobre sí mismos y sus capacidades.

Conclusión

La superación de una quiebra pasa en primer lugar por reconectar con la esencia de lo que somos, siendo al mismo tiempo muy conscientes de lo que estamos siendo. O más directamente, lo que estamos haciendo.

En cuanto al entorno cercano, hemos de comprender que también para los demás, incluso para aquellos que se apartan de nosotros, puede ser un momento complicado por no ser capaces de sostener la situación. Esto se debe a que los enfrenta a ellos mismos con su miedo a tener que soportar en sus propias vidas esta misma situación.

Los que queremos y nos quieren van a valorarnos por temas y motivos que nada tienen que ver con el estatus o la posición económica. Lo harán por momentos compartidos, por encajes personales que no tienen que ver con nuestra situación y que quedarán al margen de consideraciones externas.

Hay siempre una enseñanza en la quiebra. Si somos un poco capaces de trascender un ego herido, y aceptar de nuevo que hay circunstancias en las que no tenemos el control, que manejamos cosas que no dependen de nosotros, hay un potente contacto con la humildad y la grandeza de la persona.

Debido a todo lo que implica la realidad económica en las personas, un momento de quiebra siempre nos sitúa en un espacio de miedo, ira, angustia e incertidumbre. De sentirse amenazado. Este estado emocional va a llevarnos a buscar soluciones a menudo de manera desesperada. Precisamente por esa situación de angustia y premura, nos salimos por completo de un estado de tranquilidad, calma y en cierto modo de paz que es tan útil en el momento de gestionar un quebranto. Ese desequilibrio con nuestra paz interior es un reflejo de todo lo que está pasando por nuestras cabezas y que, en general, está enfocado al futuro. Un futuro que se presenta lleno de esa mencionada incertidumbre, en el que no sabemos lo que puede llegar a ocurrir y sobre el que fantaseamos con nuestras peores predicciones.

Esto solo sirve para generar más miedos, más incertidumbre y tensión y, con ello, más inseguridad.

Llegamos incluso a experimentar estados emocionales tan variables y potentes a lo largo de los días, o incluso dentro de un mismo día, que es un motivo de aparición de problemas de salud por somatización de un desbordamiento de emociones.

De manera que el sobrellevar estos momentos y plantear los caminos para salir de esta situación, pasa siempre en primer lugar por poder aceptar el mundo en que nos encontramos de la manera más aséptica posible. Sin entrar en juicios sobre lo duro, difícil o terrible que es o puede llegar a ser, y desde luego, sin entrar en valoraciones sobre nosotros mismos que habitualmente son exageradas e injustas.

Debemos cuidar de nuestra voz interior, siendo muy conscientes de que el diálogo que mantenemos con nosotros mismos dentro de la cabeza va a ser determinante en nuestras acciones y reacciones. Lo que nos decimos íntimamente importa, e importa mucho. Un dialogo interno pesimista y dañino alimenta el miedo y la frustración. Simplemente es un obstáculo.

Debemos afrontar cada día como único, porque realmente esa es la única realidad que tenemos, y el único campo de acción en el que podemos movernos.

Debemos comprender que estamos atravesando una situación que nos va a colocar completamente fuera de nuestra zona de confort, y esta es la parte más interesante para entender todo este camino. Si nos encontramos en un punto en el que nunca antes hemos estado, vamos a necesitar respuestas y soluciones que nunca antes habíamos contemplado. Suena bastante atemorizante, pero visto desde la perspectiva de la oportunidad, es un terreno por descubrir. Cualquier solución a una situación nueva va a estar fuera de nuestra zona de confort. En cómo seamos capaces de gestionar esta carga de incertidumbre estará el germen de la nueva vida que estamos construyendo. Esta, como ya hemos observado en los anteriores capítulos, será diferente a la que veníamos viviendo. No necesariamente mejor o peor, pero sin duda diferente.

→ La clave para afrontar una quiebra pasa necesariamente por reconocer el momento que se está pasando de la manera más serena y aséptica posible.

→ Las formas de negación o evitación son un obstáculo que solo sirve para incrementar la tensión del momento, no solucionan y alimentan el crecimiento del problema.

→ Es importante poder evaluar la situación, incluso con ayuda profesional si es preciso.

→ Una quiebra no pone en duda el valor personal. Solo es una situación.

→ Es importante tener cuidado con la calidad de lo que nos decimos, pues determina nuestros pensamientos.

→ Es imprescindible determinar un plan para la recuperación y ser disciplinados con él.

Finales

Hemos estado viendo en todos los capítulos anteriores un denominador común en las sensaciones y emociones que asociamos a una pérdida: el final de algo cotidiano y el temor de que no seremos capaces de seguir adelante sin ello. En realidad, la mayoría de las veces está en relación con el hecho de no ver cómo vamos a seguir ni por dónde, y con la necesidad de controlar todos los aspectos posibles de la existencia. Que esto genere un punto de resistencia es lo más normal cuando estamos inmersos en una realidad en la que nos esforzamos todo lo posible por buscar la estabilidad, la seguridad y un grado de certeza sobre el futuro que solo está sostenido por los juicios de valor que hacemos. Y estos son la base de lo que pensamos sobre nosotros y sobre el modo en que el mundo nos corresponde.

En este sentido, hay algunos aspectos que nos producen todas estas emociones de las que hablamos. Son temas que están relacionados con la vida cotidiana y que es probable que afrontemos más de una vez a lo largo de la vida; en cada una de las situaciones en que se presentan, nos ponen frente a un conjunto de decisiones, cambios y alternativas, y producen de nuevo esa sensación de que algo se acaba para probablemente no volver, dando un vuelco, otra vez, a la realidad cotidiana. Y a reinventarse de nuevo…

En el empleo

Teniendo en cuenta que para la mayoría de nosotros el trabajo remunerado significa la fuente principal de ingresos, todos los cambios que tienen que ver con lo laboral se expresan como un hito en la vida.

La vida laboral actual es, sin duda, mucho más volátil que en tiempos pasados, aún no tan lejanos. El hecho de ingresar en una empresa en la que desarrollaremos nuestro trabajo hasta la jubilación es un concepto que, de hecho, ya se ha quedado atrás. Cada vez más trabajamos por proyectos, somos sensibles a las posibilidades de crecimiento en el empleo o simplemente nos vamos sintiendo atraídos por otras actividades y ocupaciones que están más alineadas con quienes somos y lo que esperamos de la vida. O directamente con las expectativas de ingresos o conciliación con otras áreas de la vida, como la familia, el tiempo libre y las necesidades de desplazamiento.

Si empezamos con aquellos cambios laborales que tienen que ver con una elección personal, salvo que tengamos una claridad total del lugar en que nos colocan, van a estar acompañados del elemento básico asociado a cualquier decisión: un componente de duda.

Además, hay toda una serie de cambios que siempre estarán asociados al cambio de empleo:

Nuevos compañeros, que llevarán al establecimiento de nuevas relaciones tanto en lo laboral como en lo personal.

Cambios económicos, al alza o a la baja, que han de ser tenidos en cuenta en función de las variaciones que producen en la vida cotidiana. Es importante tener en cuenta que estas modificaciones siempre tienen un efecto compensatorio. Puede ser interesante ganar menos dinero, pero salir beneficiado en otras áreas antes mencionadas. O por el contrario, estar en un momento en que ciertas partes de la realidad puedan o deban ser puestas en un segundo plano ante un aumento notable de ingresos. Es una cuestión de valoración personal.

Pero todos estos cambios suelen venir acompañados de un cambio de estatus, y con ello de la consideración social que los demás nos muestran o que integramos nosotros mismos. Siempre estará presente ese diálogo interior.

El entorno social cambia, tanto en cómo nos perciben como en cuanto a cómo nos percibimos nosotros mismos. Estamos cambiando las etiquetas con las que nos definimos; esto es un aspecto que no solemos tener en cuenta ante estas evoluciones, y la realidad es que son muy importantes.

Si el caso es un cambio de trabajo obligado, o más grave aún, la pérdida del empleo, estas consideraciones se hacen mucho más evidentes.

Estamos tan acostumbrados a definirnos por lo que hacemos, así como por el valor que atribuimos a la actividad personal, que tendemos a hacer un movimiento de péndulo que nos lleva de la satisfacción personal y la existencia realizada a la desvalorización más extrema.

La realidad es mucho más sencilla. Nuestro valor personal no ha cambiado en absoluto, pero sí nuestra percepción, y con ello la que creemos que los demás nos tienen asignada.

La recuperación de ese valor personal va a pasar siempre por la comprensión de que no solo somos lo que hacemos, que seguimos siendo personas completas, capaces y eficaces y que todo es un proceso que, como en otros casos que hemos observado, tiene un recorrido hacia la reconstrucción.

Ayudas, técnicas y soportes para estos casos, hay muchos y por medio de muchas herramientas diferentes. Pero el caso real es que, en situaciones de desempleo, las personas que se toman la búsqueda de un nuevo empleo con serenidad y como si fuese un trabajo en sí mismo, son las que tienen más éxito y en un menor plazo de tiempo.

Nunca debemos perder de vista que seguimos siendo la misma persona, que lo único que cambian son las circunstancias y que podemos gestionarlas de modo eficaz si trazamos un plan y nos ceñimos a él, con un plazo de tiempo y unas acciones correctas, ordenadas y asumibles.

En el domicilio

Los cambios de domicilio siempre tienen una consecuencia que resulta, cuando menos, desafiante. Por un lado, se produce la pérdida de las relaciones con los vecinos. Sea cual sea la calidad de estas, es un salto cualitativo importante en lo que se refiere a abandonar la zona de confort. De hecho, representa una de las expresiones más físicas y palpables de esa salida. Al mismo tiempo, nos vemos abocados al establecimiento de nuevas relaciones en este campo, y esto siempre conlleva una necesidad de mostrarse.

No se trata de un proceso fácil de entender como una pérdida, ya que a menudo este cambio de domicilio va a representar una mejora en otros aspectos ya mencionados, como estatus, comodidad, cercanía al puesto de trabajo o incluso la no necesidad de desplazamientos. Pero la realidad es que nos aleja físicamente de un entorno que es conocido para quien hace el cambio e implica una variación importante cuya consecuencia inicial es el establecimiento de una nueva red social próxima. Esto es algo que va a poner a prueba nuestras capacidades sociales y de empatía en un entorno desconocido.

Hijos que se van

Seguramente la mayoría hemos oído alguna vez hablar del "síndrome del nido vacío". Un hito fundamental en la vida de las personas es ese momento en que se abandona el ámbito paterno para comenzar una vida individual y auto responsable.

Es cierto también que este es un fenómeno que se presenta de muchas maneras y muy variadas en diferentes sociedades, y que especialmente en la española ha estado muy marcada en los últimos decenios por la crisis económica y las dificultades de la población más joven para alcanzar un empleo que soporte una vida independiente, sobre todo por los problemas de acceso a la vivienda.

Naturalmente aquí se presentan dos puntos de vista:

El que parte, lleva por un lado la excitación de sentirse independiente y libre para organizar su propia vida. Esto representa para muchos la primera ocasión en que han de romper las barreras de su zona para afrontar la vida. Por otro lado, significa también el momento en que más se hace presente la incertidumbre y la necesidad de ser creativo.

Los que ven partir –generalmente los padres– afrontan con mayor o menor intensidad la misma incertidumbre y preocupación por esa ruptura. Aunque los vínculos familiares se mantengan con normalidad, la realidad es muy diferente, pues esa vida familiar se ha disgregado en un movimiento que es natural, pero hace presentes una serie de miedos comprensibles.

La pérdida de control, en el sentido de que la protección continuada que se proporcionaba al hijo ya no tiene sentido en la nueva realidad de este.

La incertidumbre que procede de no saber si será capaz de gestionar su propia existencia. Algo que realmente todos hemos tenido que hacer en algún momento.

Una cierta sensación de ya no ser útil. Procede de la percepción de que ya no se es necesario. Solo es una idea personal. Unos padres lo seguirán siendo siempre, pero tal vez no todos sean capaces de integrar, al menos en un primer momento, de que ya no son necesarios de la misma manera.

Los cambios que se presentan vienen acompañados de sensaciones y emociones contradictorias entre la pena, el temor y la preocupación por una parte, y al mismo tiempo de la liberación, la felicidad y un cierto punto de satisfacción.

Es probable que sea precisamente esto lo más difícil de gestionar. La contradicción de emociones que se presentan.

Final de estudios

Junto con el anterior, probablemente el final de la etapa de estudiante sea el hito más importante en la vida de las personas.

La realidad impone un período de formación escolar y técnica que prepara a las personas para desenvolverse de manera individual en un espacio laboral que va a determinar su vida. Cuestiones al margen sobre la calidad del sistema y de los cambios que parecen separar cada vez más la realidad del programa de estudios con la realidad del mercado laboral posterior, el caso es que llega ese día en el que dejamos de ser estudiantes para pasar a ser profesionales.

A menudo no es tan sencilla la transición del rol de estudiante al de profesional.

Tenemos una tendencia social a premiar a los buenos estudiantes en su esfuerzo y a considerar que este se expresa solamente por las calificaciones que están recibiendo y formarán su currículum académico.

La realidad es que durante la etapa de formación nos consideramos estudiantes, ese es nuestro rango y en ello ponemos todo nuestro esfuerzo, y por tanto va dando forma a un cierto tipo de identidad.

Cuando finalmente nos incorporamos al ámbito laboral, descubrimos que no es lo mismo ser estudiante que profesional, ni mucho menos.

Hay toda una serie de características en la profesionalidad que no se incluyen en los programas formativos. A menudo encontramos magníficos estudiantes que no necesariamente son buenos profesionales. Son "estudiantes profesionales", de algún modo, pero el mercado exige más que conocimientos.

Las relaciones que establecemos en el ámbito de lo laboral están vinculadas a habilidades sociales, adaptativas y de seguir siempre en un proceso de aprendizaje que, en este caso, no se limita al conocimiento técnico.

Además, la realidad muestra que formaciones de determinada categoría, especialmente en lo que se refiere a estudios universitarios o de posgrado, no garantizan actualmente el acceso a buenos empleos. Ni siquiera a empleos equivalentes al nivel de estudios. Y por supuesto, tampoco a las remuneraciones económicas tradicionalmente asociadas.

Tener estudios, incluso de prestigio, no implica una componente e experiencia que sea valorada.

Entramos en un proceso para el que no nos estamos preparando. Se da por hecho que estamos listos, pero la exigencia es ahora otra, y además de un nivel de responsabilidad superior. Entramos en un nivel de competencia diferente y con unas reglas a las que no estamos acostumbrados.

Ya no nos dicen qué es lo que debemos saber; no hay materias, no hay textos. Desde ahora el currículum se lo sigue haciendo cada uno a su manera en función de intereses personales y, claro está, de la percepción que se tenga de cuáles son las preferencias del mercado y hacia dónde van a evolucionar. Es un momento de demostrar, de competir. Tal vez en un estado de cosas que va cambiando, de desarrollar habilidades sociales que permitan cooperar. Los resultados esperados ya no se expresan en calificaciones, sino que tienen una importancia medible en términos económicos.

El cambio personal se dirige hacia una toma de responsabilidad, otra vez, que permita acomodarse en un entorno en el que no se ha estado nunca.

Un entorno en el que, además, aún no se ha definido un espacio personal, y siempre teniendo en cuenta que este espacio no va a dejar de estar en evolución durante el resto de la vida laboral.

Recuerda

→ Hay cambios en la realidad de la vida que no tienen que ver con grandes traumas, ni con dolor, ni con pena.

→ Estos cambios nos enfrentan con la percepción que tenemos de nosotros mismos y del mundo que nos rodea.

→ Lo que somos no cambia en esencia, pero sí la manera en que nos mostramos y en cómo interactuamos con el entorno.

→ Hay circunstancias de la vida que se presentan como hitos, que una vez traspasados nos llevan a otro nivel.

→ La sociedad, como en otros campos, ha ido perdiendo ciertos ritos de paso que señalaban y celebraban estas transiciones, otorgándoles un reconocimiento social y público que las hacía más naturales.

→ Cualquier avance en cuanto a ampliar la zona de confort es desafiante, incluso vertiginoso a veces. Pero es la única manera de avanzar.

→ La clave está en la conciencia de que nos estamos haciendo responsables de nosotros mismos.

Tomando decisiones

Hemos estado viendo que hay una cierta lección aprendida de que algunas cosas se van solucionando con el paso del tiempo. Esto no es cierto. Las situaciones que requieren de cualquier tipo de solución, la encuentran porque se lleva a cabo un proceso de manera voluntaria. Y la clave de todo es entender cómo es ese proceso, cuáles son sus tiempos, sus etapas –que a menudo se presentan superpuestas– y su tempo. Pero antes que nada, tomar la conciencia de que ese evento está teniendo lugar y que va a ocupar un espacio importante en el día a día mientras se está desarrollando. Es decir, parte de una acción y decisión activa y voluntaria. Es preciso decidir hacer algo.

Sanar la pérdida

Consiste en poder pasar a través de ella, comprender su mensaje y continuar adelante con la vida después de haber transitado una serie de pasos. Algunos de estos, ni siquiera seremos conscientes de que se están produciendo. Esto no resta intensidad ni calidad en absoluto al proceso.

La sanación de la pérdida implica, por tanto, adquirir conciencia sobre el significado de estos hitos.

Sentirse mejor no significa no sentir dolor. Significa aceptarlo y poder entrar en él y atravesarlo. Poder sostener lo que está ocurriendo sin culpa ni un sufrimiento innecesario. Permanecer y comprender el dolor nos pone en contacto con nuestra propia fortaleza.

Definir tus circunstancias, no que ellas nos definan, consiste en comprender cuál es el punto en el que nos encontramos. Solamente desde aquí podremos decidir a donde dirigirnos. No permitir que las circunstancias nos arrastren de la mano hacia cualquier realidad es salir del estado de abandono para tomar una actitud plenamente proactiva. Yo soy y eso me define; no mis circunstancias, sino lo que estoy siendo.

Resignificar tu vida implica entender que las cosas pueden cambiar, pero mi yo más esencial siempre permanece. Nos damos cuenta de cambios en metas, valores y objetivos. También hay variaciones muy significativas en la realidad cotidiana que no tienen por qué llevarnos a un punto mejor o peor; solamente es diferente.

Todo lo que ocurre nos eleva a un nivel de conciencia personal superior, a conocernos en territorios en los que no nos movemos de modo voluntario, pero en los que la vida nos ha colocado. Hay un momento para entender que las cosas ya no son iguales.

Perdonar y perdonarse. Ya decíamos al principio que cualquiera que sea el elemento que parte de nuestra vida, solo hay un modo de decir adiós con honestidad y libertad, y ese modo es la gratitud.

Todo lo que no parta de esta premisa va a significar el tratar de mantener una carga que seguiremos arrastrando.

Cualquier acontecimiento en la vida, incluyendo por supuesto los dolorosos, trae una enseñanza que podemos y debemos aprender; de lo contrario, se repetirá.

Mantenerse en la culpa es, simplemente, una resistencia a soltar. Y como no queremos o sabemos soltar lo que, de hecho, ya se ha ido, habitamos la culpa como modo de mantenerlo presente. Esta culpa se enfoca sobre uno mismo o es proyectada hacia lo otro. En realidad, el sentimiento y las emociones que acompañan son exactamente las mismas en ambos casos.

Poder disfrutar de los recuerdos. Siempre va a haber recuerdos de momentos, de situaciones y de eventos del pasado que forman parte de nuestra historia personal. La sanación de la pérdida no significa que haya que olvidar, como veremos un poco más adelante. Significa poder conservar todos esos recuerdos sin un poso de dolor, aunque haya un punto de tristeza.

Poder hablar de lo perdido. Porque el hecho de que algo forme parte de nuestro pasado, no tiene que condicionar nuestro futuro ni tampoco nuestro presente. Solo cuando se está plenamente en paz con el pasado se puede volver la vista atrás y rememorar los momentos con la serenidad de entender que, aunque ya no estén, sí que han estado, y han dejado marcas en el pasado, aunque estas no tienen necesariamente que ser cicatrices.

Superar la pérdida

Resumiendo, la superación que sobreviene tras el proceso de sanación significa alcanzar ese estado en el que podemos continuar en el presente asumiendo el pasado con serenidad. Descubrir y aceptar, nunca olvidar. Para ello entraremos en el estado en el que entenderemos una serie de cosas que quedan integradas en nosotros en relación con lo perdido.

No hay plazos. El duelo es íntimo, personal y cada uno lo integra de la manera en que es capaz, siempre desde la aceptación de que está teniendo lugar.

En este sentido, es muy dudoso considerar como cierto que el tiempo todo lo cura. No hay recuperación sin intención. De hecho, el paso del tiempo puede incluso ser un inconveniente si no se lleva a cabo el ejercicio de atravesar la pérdida, como ocurre con los casos de duelos enquistados.

Hay que tener muy en cuenta que la mente solamente sabe aquello que ha aprendido, y que va a tratar de ajustar todo lo que percibe como real a los modelos que posee, para encajarlos como una realidad aceptable.

Todo lo que ha aprendido está distribuido en categorías, estructurado en etiquetas que necesita para hacer entendible lo que ocurre, y que siempre van a estar acompañadas de juicios sobre lo que es bueno o lo que es malo.

Estas categorías vienen a su vez establecidas en una jerarquía que les otorga una importancia mayor o menor, y al igual que ocurre con los juicios, están ordenadas en función de la fuente de la que proceden. Es decir, que la categoría que asignamos a todas nuestras creencias está relacionada directamente con las personas o situaciones culturales de las que las hemos tomado. Padres, educación, religión, sociedad... Siempre van a ser los elementos moldeadores de lo que asumimos como real.

Así, nuestro modo de pensar siempre va a estar condicionado con aquello que consideramos que es correcto o incorrecto. Y como dependemos de estos patrones para relacionarnos con lo que ocurre y con las personas que transitan nuestra realidad, desde el plano mental vamos a estar poco o nada predispuestos a cuestionarnos todo este esquema.

Y eso es precisamente lo que la vida nos pide cada vez que nos enfrenta a una pérdida. Que hagamos una reflexión lo más intensa posible acerca de si lo que estamos pensando es o no aplicable. Por no entrar en el juicio de lo correcto o incorrecto. No es sencillo cuestionarse a uno mismo sobre si lo que piensa es útil y sano, poderoso o todo lo contrario. Pero si algo se aprende en el hecho de perder, es que ha llegado un momento en el que lo que creemos saber no nos resulta útil. Lo que no hemos querido o sabido cambiar en nuestro esquema, ha sido completamente sacudido por la realidad. No controlamos nada.

La ayuda de los demás

Nuestro entorno tampoco suele ser una gran ayuda, salvo que pueda ocupar un espacio para sostener.

Lo que ocurre normalmente es que nuestros allegados no suelen saber qué decir. Por mucho que consigan comprendernos, la realidad es que nadie puede saber cómo se siente alguien en un momento así, ya que la parte más íntima ha sido afectada y se vive desde un lugar que tiene que ver con lo más esencial que somos, donde radica lo más personal y a menudo menos comunicado de quienes somos.

Por eso es fácil comprender que nadie sabe cómo nos sentimos, y, por supuesto, que las comparaciones del estilo *yo te comprendo porque a mí me ocurrió lo mismo* significan un intento de acercamiento, pero la realidad es que nunca existen las pérdidas iguales, porque nosotros mismos no lo somos.

Es habitual que las personas de nuestro entorno se encuentren incómodas, ya que entran en una necesidad personal de ayudar y hacer algo. Nuestro dolor conecta a nuestro entorno con los suyos, con sus miedos, incertidumbres y esquemas de valores. Como personas, no estamos habituados a escuchar y sostener, de modo que nos sentimos incómodos ante el dolor ajeno y finalmente buscamos un modo de alejarnos de él.

Intelectualizar no sirve, es únicamente un modo de evitar la entrada en un campo emocional que no sabemos sostener. Cuando todo se derrumba a nuestro alrededor, la mente toma otra vez el mando de la situación y trata de entender, de comprender, de llegar a una respuesta. No hay respuestas. Solo hay un evento que debe ser sostenido y trascendido. Porque la mente trabaja sobre lo que cree que es la realidad y sobre controlarla, y en este momento no hay nada que controlar y la realidad se ha convertido en algo que está muy lejos de lo que sabe.

Estoy bien normalmente es mentira.

La máscara del "estoy bien" acaba por convertirse en un obstáculo para superar el momento. Sin embargo, necesitamos dar una sensación de fortaleza y superación ante nuestro entorno. Y esto lo hacemos porque buscamos aprobación, aceptación y reintegración en un círculo social que, como ya hemos dicho, no sabe normalmente sostenernos en estos casos.

A menudo, aparte del dolor, ciertas pérdidas se viven con vergüenza, ocultación, consideraciones culpables de responsabilidad en lo ocurrido. Tal vez porque significan un cambio radical en el status, en la capacidad económica, o porque sentimos que nos colocan en el punto de mira del juicio de nuestro entorno, aunque solamente nosotros mismos nos juzgamos. O incluso porque intuimos, cuando no sabemos perfectamente, que ciertos pasos van a colocarnos fuera de un círculo de relaciones que teníamos previamente.

El hecho de sostener esa máscara produce un consumo exagerado de una energía que no nos sobra en este momento. Además, si tenemos la posibilidad de reivindicarnos ante nosotros mismos y asumir quiénes estamos siendo y en qué nos estamos convirtiendo con todo este proceso, entenderemos que no necesitamos escondernos tras ningún personaje. Y especialmente, considerando que esa energía la necesitamos para el proceso de recuperarnos.

Elegir recuperarse

Como resumen, sea cual sea la naturaleza con la que se expresa el evento que nos ha colocado en la pena emocional de una pérdida, el hecho de sanarla y superarla supone llevar a cabo acciones simples, sencillas y correctas, que proceden de una decisión personal de seguir adelante y que podemos abordar en la medida en que vamos sintiendo que podemos y disponemos de las energías para ello.

Aceptar que existe una pérdida. La negación es simplemente la resistencia a entrar en el hecho de asumir que algo que estuvo ya no está, y esto va a producir cambios en nosotros y en la vida que pueden ser intensos y radicales.

Aceptar la relación con lo que se ha perdido. Lo que se ha ido, ya sea persona, empleo, capital, salud o estatus, formó parte de nuestra vida mientras estuvo. No se puede, ni debe, borrar de la historia personal. Siempre será una parte de lo que somos.

Aceptar el dolor. Con la disposición de aprender y pasar a través de él, no dando un rodeo. Evitarlo o esconderlo no ayuda. Y permanecerá.

Trascender la culpa. Para elegir recuperarse es necesario, en primer lugar, hacer conscientes los sentimientos de culpa. Solo es la mente tratando de controlar.

Todo fue como fue. Llegaremos al punto de entender que lo ocurrido forma parte de la vida. Incluso que convenía a otros efectos. Nada tuvo que ser mejor, más amplio o de otra manera.

Comunicación no violenta. Cuidado también con entrar a culpabilizar. Cuando trasladamos la responsabilidad de causarnos alguna emoción a alguien o algo externo, le estamos dando también el poder de eliminar en nosotros ese sufrimiento

No somos víctimas de los hechos. En todo caso, lo somos de nuestros pensamientos acerca de ellos.

Observar nuestras formas de evitación temporal de la realidad. Descuidar la alimentación; consumo de alcohol o drogas. Dejarnos arrastrar por el enfado, el sexo, el trabajo o el ejercicio. Buscar la desconexión y fantasear con la televisión, internet o lecturas. Aislamiento, *"shopping theraphy"*, adicción a las actividades de riesgo, necesidades de éxito. En el momento en que se hacen necesarias, pasan a ser tóxicas

Cinco acciones para solucionar

- **Comprender que hay una relación emocional que está pidiendo ser aliviada.** No hay cosas que solucionar. Lo primero es permitirse experimentar las emociones que están cambiando nuestro marco de realidad.

- **Responsabilidad.** Una gran parte de esta situación la estamos causando nosotros mismos al tratar de encontrar soluciones a cosas que no han de ser solucionadas, sino simplemente observadas en un primer momento.

- **Identificar los mensajes de resolución.** La vida envía estas señales y en muchas ocasiones no sabemos verlas. Tratamos de encontrar un modo de que todo siga igual. Tal vez la resolución pase precisamente por que las cosas no sigan siendo como hasta ahora.

- **Comunicar.** Resulta esencial permitirse la expresión con la mayor honestidad posible, empezando por lo que nos decimos a nosotros mismos.

- **Abandonar la necesidad de olvidar.** Siempre hay cosas que merecen ser recordadas.

Recuerda

→ Todos afrontamos pérdidas. Mucho más a menudo de lo que creemos, aunque a menudo las obviamos.

→ Cualquier pérdida va a resignificar nuestras vidas.

→ Siempre lo hacemos de la mejor manera que podemos y sabemos.

→ Toda solución pasa por la aceptación y por la expresión.

→ Fundamentalmente, superar una pérdida es un proceso voluntario que parte de la toma de decisiones simples que nos llevan a avanzar.

Cuando perder es ganar

La pérdida en la luz

Perder algo o a alguien significativo determina un hito en la vida. Un puente entre dos maneras de vivir, marcado por la naturaleza de lo perdido y especialmente por el modo en que integramos ese proceso y cómo llevamos a cabo la integración de las partes de nosotros que se ven afectadas y que salen del mismo reconstruidas.

Dentro de la maraña de sensaciones, emociones y sentimientos que se agitan durante este duelo, y pese a que pueda ser en principio difícil de comprender, hay una luz, un crecimiento y una nueva comprensión de nosotros mismos. Desde esta perspectiva, una pérdida es un regalo, incómodo de aceptar en ocasiones y aparentemente imposible de abordar otras. Pero es un regalo.

Lo que se nos ofrece es la comprensión, la conciencia de que las cosas pueden ser de otro modo, de que podemos salir de lo cotidiano y de que, tal vez, se dan las circunstancias para que esto ocurra cuando no hemos sabido o querido hacer esta transición por propia voluntad.

Desde esta perspectiva, la pérdida en la luz es la oportunidad para entender qué cosas están cambiando para ya no volver a ser de la misma manera. Podemos hacer oídos sordos al mensaje, por supuesto. Este es el modo en que acabamos preguntándonos constantemente por qué nos ocurren siempre las mismas cosas. La respuesta es: porque no estamos evolucionando en la medida en que nos lo pide el ser esencial que somos. Y entonces, de algún modo, esa parte inconsciente se las arregla para ponernos en la obligación de hacer lo que por juicio y voluntad personal no podemos o sabemos.

Por tanto, solo en la medida en que seamos capaces de llevar adelante un ejercicio consciente de comprensión y aceptación de lo que ocurre, sin entrar en juicios dañinos sobre nosotros mismos ni sobre nuestro entorno, llegaremos a la comprensión de qué está ocurriendo.

La vida cobra un nuevo significado, los valores cambian, los objetivos y creencias se ven sacudidos y modificados. Como todo lo que no queremos, resulta incómodo e indeseado, pero con el paso del tiempo, lo comprendemos. Y aquí el tiempo sí que es un aliado. No porque todo lo cure, sino porque aporta algo que en el día a día no está presente: perspectiva.

Contacto con nuestra humanidad

El contacto con la propia humanidad representa la puesta en valor de todas las capacidades que tenemos y de las que en muchas ocasiones no somos conscientes. Ni siquiera un poco.

Nos sentimos muy limitados en la capacidad de hacer cosas. Un antiguo dicho expresa esto con claridad: *No sabemos lo fuertes que podemos llegar a ser hasta que ser fuertes es la única opción que tenemos.* Y lo cierto es que este contacto con la propia fortaleza no viene dado por la capacidad de resistir, sino todo lo contrario. Viene de la capacidad de aceptar, de ser vulnerable y expresar.

La rigidez procede, como ya hemos visto, de una mente que trata de conseguir que todo permanezca del mismo modo en que ha estado siendo y no acepta la realidad de que algo está cambiando. Y mucho menos cuando este cambio se está produciendo de una manera que escapa a su control y nos coloca fuera de todo lo que nos resulta conocido.

Como humanos, a veces somos frágiles. Nos rompemos. Pero la gran lección en esta fractura es nuestra inmensa capacidad para reconstruirnos.

Recuperar la fuerza

Solemos tratar los casos de quebranto tratando de mostrar fortaleza. Seguramente, ante estas situaciones todos hemos escuchado el consejo de los demás, desde su mejor intención, diciéndonos que debemos ser fuertes.

En realidad, como se ha mencionado anteriormente, cualquier contacto con esa energía de potencia viene de ser capaces de sostener. No tiene nada que ver con resistir, sino con poder estar en la emoción y en el torbellino de sensaciones que sobrevienen y no tener la necesidad de pelear con ellas. Solo necesitamos entender que están ahí, que se van a quedar por un tiempo, y que nos aportan un nuevo conocimiento que hemos de aprovechar.

Por otra parte, también proporciona la posibilidad de comprender que en muchas ocasiones nuestra fuerzas proceden de un punto situado fuera de nosotros. Los amigos y allegados, las oportunidades nuevas que la vida ofrece, las nuevas visiones que tomamos acerca de la realidad, también son fortalezas que nos son propias. La dificultad para apreciarlas viene de que solemos ver estas situaciones como algo que es externo a nosotros. Sí, realmente esto es así. Están fuera. Pero como ocurre con un padre que ayuda a sus hijos, el hecho de que lo estén no significa en absoluto que nos sean ajenas.

Celebrar lo que es diferente

Muchas circunstancias van a cambiar como consecuencia de estos movimientos. En última instancia lo que sucede es que, de un modo involuntario y en apariencia ajeno a nuestra realidad, la vida nos está poniendo en contacto con los límites de lo que nos es conocido. Estamos explorando los márgenes de la zona de confort.

Comprendamos que, inmediatamente fuera de ella, no se cae en un pozo de lo desconocido. La línea marginal que se encuentra justo al otro lado de la frontera del confort es la llamada zona de aprendizaje. Siempre vamos a tener un paso atrás para regresar a lo que conocemos, pero si realmente podemos aprovechar esa posibilidad de aprender que se ofrece, lo único que hacemos realmente es ampliar la zona de confort.

Esto también significa que es posible que, una vez conocidos nuevos horizontes de la realidad que se abre ante nuestra mirada dolorida, no haya interés por regresar al mismo lugar en que nos encontrábamos anteriormente. Y esto es lo que asusta. Por un lado, estamos en un momento en que no somos capaces de comprender qué es lo que nos trae la vida, y por otro entramos en un estado de pánico a causa de esa incomprensión.

Estamos viendo lo que aparece ante nosotros como una amenaza, en lugar de apreciarlo como una oportunidad. Esto no es así a causa de nuestra incapacidad, sino porque hemos sido entrenados para tratar de que las cosas permanezcan. Y la lección que estamos tomando en estas circunstancias es que, por más que nos esforcemos —y lo hacemos mucho y duramente— la permanencia no es una característica del universo. Lo único realmente cierto es que las cosas, antes o después, cambian.

Realmente, uno de los factores fundamentales a la hora de hacer la transición que la pérdida nos está trayendo, es comprender que hay cosas que se pueden expresar de un modo distinto en la vida. Que podemos aceptarlas y tomar esa nueva experiencia para avanzar en nuestro desarrollo personal, y en cualquier caso, para continuar con una vida que ha sido cambiada.

Validar lo cotidiano

Hacemos grandes planes y pasamos una gran parte de nuestro tiempo pensando en lo que ocurrirá en un cierto futuro, cuando se den determinadas circunstancias. En este sentido, aparece un concepto de *felicidad diferida* en el cual fantaseamos sobre "lo muy felices que seremos cuando...".

Ante circunstancias que percibimos como graves reveses, que parecen venir impuestas –aunque somos nosotros quienes las provocamos de un modo inconsciente la mayoría de las veces–, todos esos planes a futuro acaban por verse comprometidos, cuando no destruidos.

Las pérdidas nos enfrentan con la importancia relativa que tienen esas grandes causas ensoñadas a futuro. Y al mismo tiempo, a la importancia real y consistente de lo que está ocurriendo ahora.

Nunca seremos capaces de ser más felices, más prósperos, más completos en el futuro que está por llegar si no lo somos a la hora de valorar lo que está pasando en el presente. Lo único real es lo que está ocurriendo ahora. Además, en el momento en que ese futuro añorado llegue, en realidad será presente. Y lo más seguro, conociendo el funcionamiento de nuestra mente poderosa, es que para entonces ya estemos fantaseando con otro futuro. Uno mucho mejor, claro.

Todo lo que es real, especialmente nuestra propia vida, se expresa en lo actual, en lo cotidiano, y eso es algo que debemos aprender a valorar. Solamente aprendemos en amargas lecciones que nos ocurren cuando no hemos tomado el paso de hacerlo antes de un modo consciente. La tragedia que se viven en el proceso de perder, viene sobre todo de la desaparición de lo que nos es cotidiano, y por tanto de entrada damos por hecho que es algo que nos pertenece. Ahí es donde surgen los sentimientos asociados a la injusticia de los acontecimientos. Nos cuesta sentir que algo, simplemente, ha partido de nuestro lado. Precisamos de una justificación que nos quite la responsabilidad, así que la única explicación aceptable es que nos ha sido arrebatado.

La realidad es que posiblemente sea algo que ya no tenía cabida en nuestro presente, o que no nos pertenecía en el sentido de posesión que damos a lo que forma parte de nuestra existencia.

Tomar el presente

La vida es, por tanto, lo que está ocurriendo ahora. Lo cierto es que no tenemos nada más que esto. Tomar contacto con la capacidad de hacer presente significa trascender cualquier marco temporal. Esto reduce mucho la dependencia que tenemos del campo mental basado en la especulación.

La práctica totalidad de las corrientes filosóficas relacionadas con el campo del desarrollo personal hacen un especial énfasis en la conexión con este presente en el que somos.

Herramientas de tanta actualidad como el *mindfulness* y similares, son la máxima expresión de esta tendencia. Somos ahora. No lo que fuimos, no lo que creemos que seremos. Solo somos. En presente.

En el momento en que algo o alguien se va, abandonando nuestra experiencia presente, nos quedamos con la sensación de que algo nos está siendo arrebatado. La realidad es tan simple como que ese algo ya no tiene sentido en el presente que somos. Por ello parte.

No siempre es sencillo integrar esta idea, pero la única manera real de seguir en la vida es comprender que hay motivos para que algo nos deje. Ya no forma parte de nuestra vida. Ya no constituye nuestro presente y se abre un espacio para que otras cosas o personas lleguen.

La aceptación, de la que tanto hemos estado hablando, es la manifestación última del contacto que hacemos con este presente.

Vivir con pasión

La idea de que afrontar y traspasar un momento de pérdida nos conecta con la pasión por la vida puede resultar extraña, partiendo de las relaciones que hacemos siempre desde ese campo poderoso de la mente y el tratar de entender todo.

Las cosas van y vienen de nuestro lado, pero la vida en la que estamos inmersos permanece. No deja de desarrollarse de un modo continuo por mucho que algunas de sus circunstancias cambien. Aunque sean las que tenemos por más significativas.

Las emociones nos definen muchísimo más de lo que creemos o percibimos. Desde luego, más y de un modo más intenso y profundo que nuestros pensamientos. Pero no hemos de perder nunca de vista que esas emociones no dejan de ser las respuestas del subconsciente a la calidad de esos pensamientos.

Una vida plena es aquella vivida con pasión. Y esta tiene relación directa con el contacto que mantenemos con todas y cada una de las partes que nos componen. Mental, emocional, sensorial y espiritualmente nos comportamos como un todo que reacciona en conjunto. Negar, ocultar o mantener oprimida cualquiera de esas partes no nos facilita la vida. Simplemente nos consume una gran cantidad de la energía disponible para hacerlo con plenitud. Una plenitud que nos merecemos.

La pasión en el modo de vivir es la relación directa que tenemos con lo que somos en el punto más esencial, y la pena derivada del dolor de que todo se derrumba nos pone más en contacto que nunca con nuestra parte íntima que pide expresarse, a menudo desde aspectos que tenemos olvidados o escondidos.

Liberar este torrente de energía, dándole un campo en el que expresarse, aun a costa de mostrar a los demás y a nosotros una parte de nuestra sombra encerrada, nos lleva a encontrar lugares en los que nunca antes imaginamos que podríamos hallar fuerza, pasión y coraje.

Esto cambia sustancialmente la manera en que vemos la vida y la hace más intensa. No porque los estímulos se vean aumentados, sino porque nos estamos permitiendo sensaciones que habíamos tenido desconectadas, que ahora pugnan por salir y manifestarse. Esto nos completa como personas y nos abre a nuevas experiencias.

Expresión de la humildad ante el control

Al final, la superación de la pena que produce cualquier tipo de pérdida tiene una consecuencia que, aplicada al resto de las circunstancias de la existencia, permite desarrollar todo nuestro entorno desde un círculo de comprensión de la vida que aporta una ligereza al proceso mismo de vivir.

Entender, comprender e integrar que no tenemos el control de todas las cosas es el alivio de una carga que por lo general asumimos, y que en estas circunstancias vemos que no merecemos arrastrar.

Lo cierto es que no podemos manejar todos los parámetros de la realidad, que ni siquiera todos los eventos que pensamos que son significantes en nuestro devenir cotidiano dependen únicamente de nuestra voluntad, y que finalmente no podemos –repito– controlarlo todo.

Aquí es donde entra ese punto de humildad. No somos tan importantes. Alcanzar el momento en que podamos aceptar eso es la conexión plena con la capacidad real de las posibilidades que desplegamos, y reconocernos en ello exige, sobre todo, humildad. Esta nos lleva a entender que no solo no tenemos ese control, sino que en realidad no lo necesitamos.

Sentir que somos capaces

Siempre lo somos. A menudo no nos damos cuenta porque, especialmente en estos momentos de afrontar que algo se va, la pregunta que plantea la mente siempre es: "¿cómo?"

Un dicho antiguo dice que "cuando el *qué* está claro, los *cómo* aparecen".

No necesitamos tanto saber de qué manera vamos a transitar la vorágine que genera una pérdida como tener un íntimo convencimiento de que lo haremos. Es el comienzo de todo y la única guía válida para proseguir.

Todo lo que necesitamos para llevar a cabo ese duelo sobrevenido lo tenemos, o está a nuestro alcance por medios que muchas veces no vemos, porque aunque están a nuestro alrededor, cuesta reconocerlos como propios.

En realidad, es tan sencillo como poder visualizar que saldremos adelante, que la vida avanza de maneras resignificadas, diferentes, pero que sigue siendo igualmente plena, si no más que antes.

Llegar al descubrimiento de todas las habilidades, personas, circunstancias que nos rodean y llevan en volandas, proporciona un nuevo conocimiento de nuestras capacidades, de habilidades que no se veían antes y de todos los elementos que la vida pone a nuestra disposición para avanzar en un crecimiento que, conscientemente o no, nunca deja de producirse.

Cuando perder es ganar

Suena paradójico, pero es una realidad que solo tenemos que permitirnos ver. Siempre que perdemos, ganamos.

Tan concentrados estamos en el dolor y en la ausencia de lo perdido, que nos cuesta reconocer todo lo que, a cambio, está llegando.

Lo que ganamos en estas circunstancias siempre es un conocimiento más pleno de lo que somos, de cómo nos expresamos en la vida, y esto incluye un modo de reconocer lo perdido que difícilmente era visible cuando estaba presente, por el simple hecho de que ya no lo está.

Conceptos como el desarrollo del tiempo de un modo lineal, en el que cada evento sigue al anterior, nos dificultan la concentración en un estado presente. Un estado en el que todo lo que está, es. Y desde ahí podremos entender que hay un flujo constante de circunstancias, personas, realidades, que entran y salen constantemente de lo cotidiano en nosotros. A menudo sin que nos demos cuenta. Pequeñas muertes que de algún modo no son lo suficientemente significativas como para marcar un hito.

Pero otras sí que lo son. Y estas definen la realidad de un modo que, a veces, resulta doloroso.

Cuando perdemos, cuando algo que sentíamos permanente –aunque se trate de una sensación ficticia– desaparece de nuestro mundo, llegan nuevos elementos a nuestra vida. Y el aprendizaje que nos traen es el principal de ellos. Este es el beneficio que queda tras la pérdida.

Todo momento de perder es un momento de aprender, de comprender e integrar. En la medida en que sepamos y podamos hacer esto, se producirá un avance.

Solo tenemos que hacer algo tan sencillo, y tan difícil, como poder llegar a verlo como un regalo. Aceptar que ya es nuestro pasado, y continuar como la persona nueva que somos, en paz con ese pasado.

Patrocinio

EDITATUM

Esta es la página destinada a ofrecer al lector y a los medios de comunicación, todos los datos e información sobre el patrocinador de este libro.

Puede contener su logo, una breve reseña de su actividad o producto e incluye los contactos web, de correo y telefónico.

Además, el patrocinador figurará en el espacio correspondiente en la contraportada del libro. Este patrocinio figurará en todas las sucesivas ediciones de la obra si éstas se produjeran.

Si desea recibir información sobre el patrocinio de los GuíaBurros puede dirigirse a la web:

www.editatum.com/patrocinio

Autores para la formación

C**O**nferencias
EDITATUM

Editatum y **GuíaBurros** te acercan a tus autores favoritos para ofrecerte el servicio de formación GuíaBurros.

Charlas, conferencias y cursos muy prácticos para eventos y formaciones de tu organización.

Autores de referencia, con buena capacidad de comunicación, sentido del humor y destreza para sorprender al auditorio con prácticos análisis, consejos y enfoques que saben imprimir en cada una de sus ponencias.

Conferencias, charlas y cursos que representan un entretenido proceso de aprendizaje vinculado a las más variadas temáticas y disciplinas, destinadas a satisfacer cualquier inquietud por aprender.

Consulta nuestra amplia propuesta en **www.editatumconferencias.com** y organiza eventos de interés para tus asistentes con los mejores profesionales de cada materia.

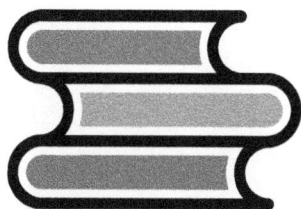

EDITATUM

Libros para crecer

www.editatum.com

Nuestras colecciones

Guías para todos aquellos que deseen ampliar sus conocimientos sobre asuntos específicos, grandes personajes, épocas, culturas, religiones, etc., ofreciendo al lector una amplia y rica visión de cada una de las temáticas, accesibles a todos los lectores.

CONOCIMIENTO Y SABER

Guías para gestionar con éxito un negocio, vender un producto, servicio o causa o emprender. Pautas para dirigir un equipo de trabajo, crear una campaña de marketing o ejercer un estilo adecuado de liderazgo, etc.

EMPRESA Y NEGOCIO

Guías para optimizar la tecnología, aprender a escribir un blog de calidad, sacarle el máximo partido a tu móvil. Orientaciones para un buen posicionamiento SEO, para cautivar desde Facebook, Twitter, Instagram, etc.

CIENCIA Y TECNOLOGÍA

Guías para crecer. Cómo crear un blog de calidad, conseguir un ascenso o desarrollar tus habilidades de comunicación. Herramientas para mantenerte motivado, enseñarte a decir NO o descubrirte las claves del éxito, etc.

CRECIMIENTO PERSONAL

Guías prácticas dirigidas a la salud y el bienestar. Cómo gestionar mejor tu tiempo, aprenderás a desconectar o adelgazar comiendo en la oficina. Estrategias para mantenerte joven, ofrecer tu mejor imagen y preservar tu salud física y mental, etc.

BIENESTAR Y SALUD

Guías prácticas para la vida doméstica. Consejos para evitar el cyberbulling, crear un huerto urbano o gestionar tus emociones. Orientaciones para decorar reciclando, cocinar para eventos o mantener entretenido a tu hijo, etc.

HOGAR Y FAMILIA

Guías prácticas dirigidas a todas aquellas actividades que no son trabajo ni tareas domésticas esenciales. Juegos, viajes, en definitiva, hobbies que nos hacen disfrutar de nuestro tiempo libre.

OCIO Y TIEMPO LIBRE

Guías para aprender o perfeccionar nuestra técnica en deportes o actividades físicas escritas por los mejores profesionales de la forma más instructiva y sencilla posible,

DEPORTE Y ACTIVIDAD FÍSICA

Mindfulness

Mindfulness

Programa de reducción del estrés

Lola López

GuíaBurros Mindfulness es una guía básica con todo lo que necesitas para reducir tu estrés.

+INFO

http://www.mindfulness.guiaburros.es

guía burros **Neurocoaching**

guía
burros

NeuroCoaching
30 días para transformar tu vida

Marité Rodríguez

GuíaBurros Neurocoaching es una guía básica con todo lo que debes saber para transformar tu vida en 30 días.

+INFO

http://www.neurocoaching.guiaburros.es

Yoga con calor

Salud y Belleza

guíaburros

Yoga
con calor

Macarena Cutillas

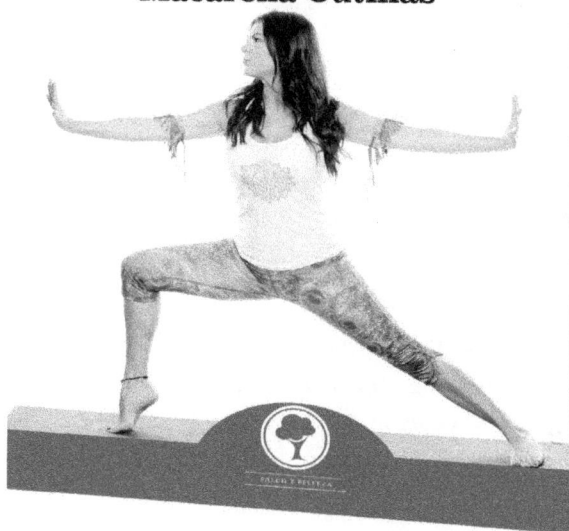

GuíaBurros Yoga con calor es una guía básica con todo lo que debes saber para practicar el yoga con calor.

+INFO

http://www.yogaconcalor.guiaburros.es

guía burros Música clásica

Conocimiento y Saber

guía burros

♫úsica Clásica

Para los que aún no saben que les gusta la Música Clásica

Edgar Martín

Ilustraciones: Carmelo Caatrad

CONOCIMIENTO Y ARTE

GuíaBurros Música clásica es una guía básica para los que aún no saben que les gusta la música clásica

+INFO

http://www.musicaclasica.guiaburros.es

guía burros

La magia del Tarot

La magia del
Tarot

22 llaves de transformación

Brighid de Fez

GuíaBurros La magia del Tarot es una guía básica con 22 llaves de transformación.

+INFO

http://www.lamagiadeltarot.guiaburros.es

guíaburros

Coaching

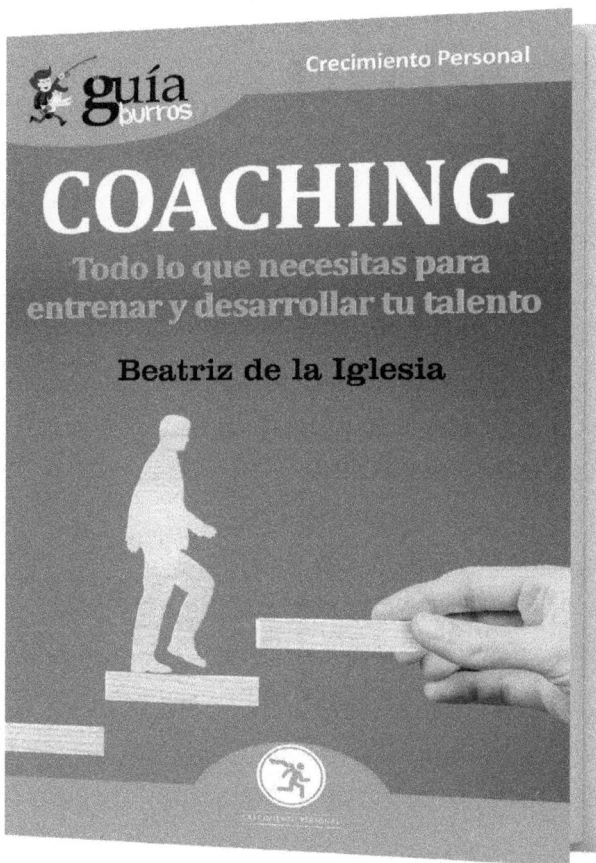

GuíaBurros Coaching es una guía básica con todo lo que necesitas para entrenar y desarrollar tu talento.

+INFO

http://www.coaching.guiaburros.es

guíaburros

Rutas por lugares míticos y sagrados de España

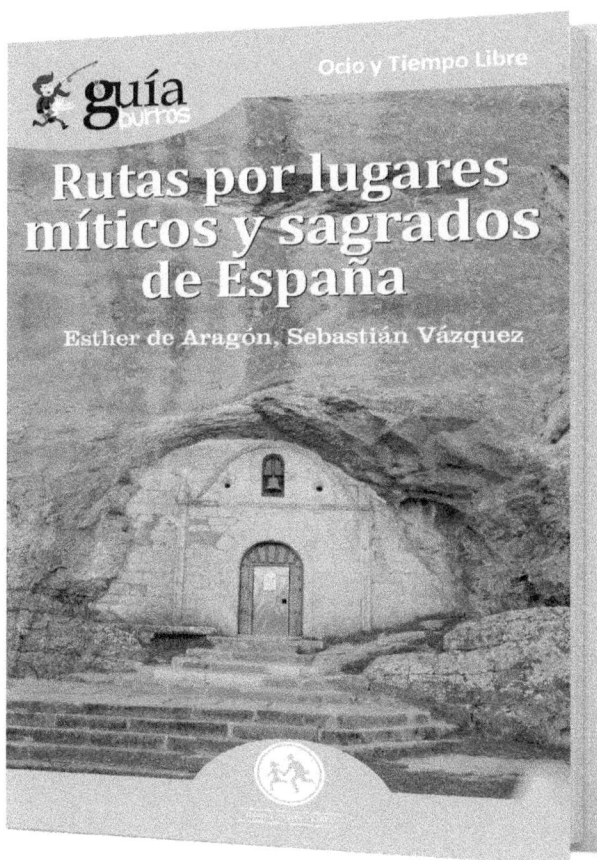

GuíaBurros Rutas por lugares míticos y sagrados de España es una guía para descubrir enclaves míticos que no aparecen en las guías de viajes

+INFO

http://www.rutas.guiaburros.es

guíaburros Masonería

Conocimiento y Saber

guía burros

MASONERÍA

Todo lo que siempre has querido saber sobre esta institución

Pablo Bahillo, Juan Antonio Sheppard,
Victor Berástegui

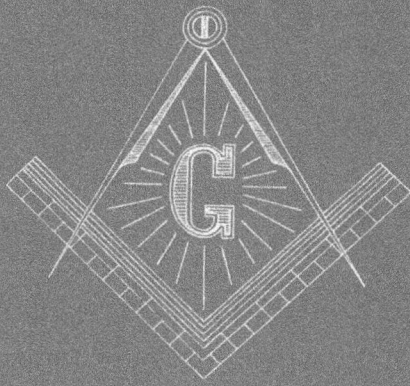

GuíaBurros Masonería es una guía con todo lo que siempre has querido saber sobre esta institución.

+INFO

http://www.masoneria.guiaburros.es